事例でわかる

New Product Development
Strategy

実戦
商品開発
マーケティング
戦略

MBA&中小企業診断士
佐藤義典

JN218173

日本能率協会マネジメントセンター

はじめに　「刺さる商品」をどう作る？

　こんにちは！　本書を手にとっていただき、ありがとうございます。

　本書は、『実戦　商品開発マーケティング戦略』の本です。その名前のとおり、戦略的かつ実戦的な商品開発をお手伝いさせていただくべく書かれました。

　想定している読者さん（本書の「顧客ターゲット」）は、

- 商品・サービスの企画・開発をされている方
- そのサポートをされている方（広告代理店の方など）
- 技術開発をされている方
- これらの方を統括する役職にある方

など、「売れる商品・サービス作りでお悩みの方」です。

　商品開発の最大の課題は「売れない商品ができる」ということです。「売れすぎて作れない」という課題はあまり聞きません。

　なぜ「売れない」かというと、お客様が買わないから、ですね。買わない理由は単純で、「お客様が欲しくないから」です。

　「お客様が欲しくなるような商品・サービス」すなわちお客様に「刺さる商品・サービス」を開発できれば、売れます。当たり前のことです。

この「当たり前」のことが大変難しいからこそ、売れない商品がたくさんできてしまうわけです。

　しかしそれでも、ヒット商品というのは出ています。
　例えば、文具メーカー、プラスのハサミ「フィットカットカーブ」。
　フィットカットカーブは、プラスによれば、

　　『2012年1月の発売以来、シリーズ累計2,000万本以上の売
　　上を達成しています（2017年12月末現在）』（プラスHP https://
　　www.plus.co.jp/news/201805/001673.html）という大ヒット商品。

　刃先が少しカーブしており（このカーブのことをプラスは「ベルヌーイカーブ」と呼んでいます）、根本でも刃先でも、両刃が作り出す角度がほぼ一定を保ち、切る対象物をきちんと噛んで切れる優れものです（図1）。

　私も愛用しているのですが、普通のハサミですと厚紙や段ボールなどを切るときに、紙がよじれてくにゃっとなることがありませんか？　フィットカットカーブはそうならずにきちんと切れます。しかも、今までなら両手でぎゅっと握って切っていたような硬いものも、片手で軽い力で切れるのです。

　現在のような形のハサミは古代ローマ時代から使われていたと言われます。そんな成熟した商品でも、刃先を丸くするという「革新」が起こり、大ヒット商品になり得るわけですね。

図1：フィットカットカーブのベルヌーイカーブ

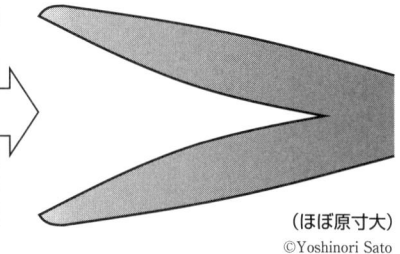

刃先がカーブしているため、
両刃が作り出す角度がほぼ一
定で厚紙でもよく噛んで切れる
（刃先の形状は「フィットカットカー
ブ 洗えるチタン」の実物をもとに
著者がトレースしたものですので正
確ではありません）

（ほぼ原寸大）

©Yoshinori Sato

　刃先をカーブにするというフィットカットカーブの着想がどこ
から来たかというと、技術研究ではありません。

　　『これまで各社はハサミで紙に対する切れ味を競ってきた。
　　だが、家庭で薄い紙を切る機会はわずか8％だということが
　　消費者調査でわかった。プラスチックや厚紙など、より硬い
　　ものを切ることの方が多いという』（2012/06/06 日経MJ P.6）

　と、ハサミの「使い方を調べた」のがキッカケだったのです。

　ハサミメーカーはそれまでお客様の「ハサミの使い方」を把握
していなかった、ということになります。実際に調べてみたら想
定と違い、お客様の使い方にあった商品を開発したら爆発的に売
れた、というのがフィットカットカーブです。

　「刺さる商品」のヒントは、お客様の「使い方」にあるのです。

本書では、このようなヒット商品がどのように考えて開発されたか、どのような戦略のもとで作られたのか、様々な事例をもとに解き明かしていきます。

　本書で取り上げる事例は、フィットカットカーブのように、BtoC（個人顧客対象のビジネス）のメーカーが多くなります。が、サービス業でも、それからBtoB（法人顧客対象のビジネス）の場合でも、その基本的な考え方は共通します。

　むしろ、メーカーの方はサービス業から、サービス業の方はメーカーから、BtoCの方はBtoBから、BtoBの方はBtoCから、それぞれ学ぶと、自業種にはないヒントが得られるでしょう。

　ぜひ「刺さる商品の作り方」を一緒に考えていきましょう！

第1章 | どんな人のどんな使い方に向けて 作るか、考えよう

第2章 戦場・競合は使い方で決まる

第3章 使い方にあった強みを作ろう

第4章 強みをマネされないように 「独自資源」を作ろう

1 強みを競合にマネされないように守る 「独自資源」

第5章 使い方をメッセージとして 提案しよう

1 「強みを活かした使い方」をお客様に提案しよう

2 使い方を中心にした、BASiCS全体の 一貫性・具体性が成功のカギ

第6章 商品開発のプロセスと組織

1 アイディアの入口

2 商品開発の組織：部門間の連携の重要性

3 テストマーケティングの重要性

New Product Development Strategy

戦略の一貫性と
使い方の具体性

1 | 商品開発の重要性は増すばかり

伸びている会社は、「ヒット商品」を持っている

　序章では、第1章から始まる本論に入る前の前提を整理しておきます。公演前の「前説」といったところです。

　本書は商品開発の書ですから、まずは「なぜ商品開発なのか？」という商品開発の重要性から確認していきましょう。

　商品開発の重要性はシンプルです。売れる商品ができれば、売上・利益が上がるからです。

　『中小企業白書〈2005年版〉』によれば、ヒット商品（売れ筋商品）を持っている企業は、経常利益額が増加傾向にある、という結果が出ています。

　平たく言えば、売れる商品を持っている会社は儲かる、ということです。（第2-1-61図　www.chusho.meti.go.jp/pamflet/hakusyo/h17/hakusho/html/17213130.html）

ヒット商品を持っている企業の割合

経常利益額が増加傾向の企業	58.7%
経常利益額が横這いの企業	48.3%
経常利益額が減少傾向の企業	40.4%

　なお、本書では商品開発についてのデータが非常に充実している『中小企業白書〈2005年版〉』のデータを多く使います。少々

前のデータですが、現在でもそれほど状況が変わっていないと思われますので問題は無いかと思います。

　ヒット商品が利益につながる一方で、商品寿命はどんどん短くなっています。同じく『中小企業白書〈2005年版〉』によれば、ヒット商品が売れなくなるまでの期間が2年未満（「1年未満」と「1〜2年未満」の合計）という回答が、1990年代は21.2%でしたが、2000年代になると51.8%と急激に増えています（第2-1-13図ヒット商品のライフサイクル　www.chusho.meti.go.jp/pamflet/hakusyo/h17/hakusho/html/17211230.html）。

　つまり、ヒット商品の半分以上が2年で売れなくなってしまう時代なのです。

- 利益を伸ばすにはヒット商品が重要な役割を果たす
- ヒット商品の寿命が短期化している

　この2つの事実からわかることは、商品開発の重要性がどんどん増しているということです。

2 ｜ 商品開発は「うれしさ」開発

商品開発は「うれしさ」開発：価値＝うれしさ＝課題解決＝目的達成

　商品開発における最大の目的は「売れる商品・サービス」を作ることです。

　「売れる」ということは「お客様が欲しいものができた」ということであり、「売れない」ということは、「お客様が欲しくない

ものができてしまった」ということになります。

　お客様は、何らかの「価値」を得るために商品・サービスを買います。

　「価値」とは「お客様のうれしさ」であり、何らかの目的を達成すること、お客様の課題を解決することです。

　「はじめに」で紹介した「フィットカットカーブ」が提供する「価値」は、切りにくいものでも軽い力で切れる、ということです。厚紙や段ボールなど、普通のハサミだとくにゃと折れてしまうものでもきちんと「嚙んで」切れます。

　「切りにくいものでも軽い力で切れる」というのは、お客様にとっての「価値」であり、「うれしさ」です。そしてそれは同時に、「厚紙や段ボールなどは普通のハサミでは切りにくい」という課題を解決する、という課題解決です。また、「切りにくいものを切る」という「目的」を達成している、ということでもあります。

　このように、

　○お客様が得る価値＝うれしさ＝課題解決＝目的達成

　となります。

　本書では、「価値」「うれしさ」という言葉を中心に使っていきますが、この４つの言葉は基本的に同じ意味を持っています。

　お客様は、「刃先がカーブしたハサミ」にお金を払っているのではなく、この「価値」「うれしさ」「課題解決」「目的達成」にお金を払っているのです。

　この「価値」「うれしさ」「課題解決」「目的達成」はマーケティング用語では「ベネフィット」と呼ばれます。マーケティングで一番大事な概念です。

　「価値」というととらえどころがありませんが、「うれしさ」と表現すると、もう少し思考が具体化されます。ですから本書では「価値」よりも「うれしさ」という言葉を多く使っていきます。言葉としては同じ意味ですが、「うれしさ」という言葉を使ったほうが思考の具体性が高まります。

　お客様は、自分を「うれしく」してくれるものには、お金を払います。

　しかし、既存の商品・サービスと同じ「うれしさ」を提供しても、そこに新しさはありませんから、既存商品・サービスで良いということになります（もしくは価格が安い方を選びます）。

　「商品開発」とは「新しい」商品・サービスを開発することです。しかし、そこに「新しいうれしさ」があってこそ、お客様は買いたくなるのです。

　逆に言えば、新商品・サービスが売れない理由は**「新たなうれしさを提供する商品・サービスになっていないから」**となります。

　「商品開発」の本当の意味は、新しい「商品・サービス」を開発することではなく、新しい「うれしさ」を開発することなのです。

　商品開発とは、その意味で「価値開発」であり「うれしさ開発」といえます。

　しかし、これを実行するのは極めて難しいです。「モノ作りとは価値創り」のようなことは、商品開発の本に必ず書いてあるでしょう。それが実際問題としては難しいからこそ、売れない商品ができてしまうわけです。

では、なぜ「売れない商品・サービス」すなわち「お客様が欲しくない」ものができてしまうのでしょうか？

私の経験・観察などに基づく結論としては、「売れない商品」ができる主な原因は2つあります。

（1）一貫性のある戦略の欠如

1つめの原因は「一貫性のある戦略の欠如」です。

本書を刊行するにあたり、色々な会社の商品開発担当者にヒアリングを重ねました。

ある有名化粧品メーカーの商品開発担当者がおっしゃいました。

「私は商品開発担当なのですが、私たち商品開発部門が製品を作ったあとに、宣伝部門が顧客ターゲットを決めるんです。製品ができた後に、いきなり『スイーツな気分』（筆者注：喩えとしてでしょう）　などの、製品と全く関係ないCMが出てきて驚きます。だったら最初から『スイーツな気分という感じの製品を作ってくれ』と言ってくれれば、そういうものを作るのに……」

超有名なIT会社の関係者の方がおっしゃっていました。

「新しい技術が出たら、とりあえず社内で試用するためのサービスを開発します。それでこれはいける、と感じたらもうITシステムを作り込んでしまいます。その後で『さあ、これを誰に売りに行こうか』とやるんですから、売れませんよね……」

このお2人がおっしゃっていることは、実は全く同じです。商

品・サービスを作ってしまい、後付けでムリヤリ売ろうとしているわけです。

「作っちゃった、さあ誰に売るか考えよう」というやり方ですから、商品開発の時点で誰にどんなうれしさを提供するか、という「戦略」を考えずに作ってしまっていることになります。

一貫性のあるきちんとした戦略を立てずに商品・サービスを創ると、

- 顧客が求めるものと合っていなかった
- 対競合の強みがなかった

というような失敗が必然的に起きます。

ここでいう「顧客が求めるもの」は、言葉どおりの意味です。「顧客ニーズ」と言い換えても構いませんが、「ニーズ」は色々な意味で使われる言葉ですので、本書では「求めるもの」という言い方で統一します。「ニーズ」という言い方の方がしっくりくる場合は、脳内変換していただけるとありがたいです。

最初の化粧品メーカーの方の場合、商品開発部門の方がやっていることと宣伝部門の方がやっていることがバラバラで、「商品」と「宣伝」に一貫性がなくなります。

「スイーツな気分」の商品を「スイーツな気分」という宣伝で売るのであれば商品と宣伝に一貫性があります。

「スイーツな気分」という商品ではないのに「スイーツな気分」という宣伝をすると、「スイーツな気分」を期待して買ったお客様を裏切ることになります。「一貫性」がないと、お客様には刺さりません。お客様はこのようなことに気づくのです。

21

「一貫性のある戦略の欠如」が、まずは「売れない商品」ができる1つの大きな要因です。

（2）使い方の具体性の欠如

もう1つの非常によく見る失敗原因が、お客様の「使い方」を想定していない商品開発です。

今は、携帯用音楽プレーヤーと言えば、iPhoneなどのスマホでしょう。が、2000年代初頭、いわゆるmp3プレーヤーが出始めたときには、AppleのiPodを筆頭にオーディオメーカー各社が色々な機種を出してきました。

私もある日本メーカーのモデルを買いました。

ただ、使い勝手はひどいもので、クビからかけて音楽を聴いていると揺れてカラダに当たり、早送りボタンなどに触れてしまって音飛びするのです。使い物になりませんでした。結局、この機種はすぐに終売となりましたが、それも当然でしょう。

おそらく、この商品の開発者は自分で使わずに、机の上で作ったのでしょうね。自分で実際に外で携帯して使ってみたら、あのような商品設計になるはずがありませんから。

お客様の「具体的な使い方」を想定した商品になっていなかったのが敗因（の1つ）です。

お客様は「使う」ために買うのですから、お客様が商品・サービスの価値を感じる瞬間は、「使うとき」。使うときがお客様のうれしいとき、すなわち**「価値は使い方に現れる」**のです。

お客様の利用場面や使い方を具体的に想定せずに作られた商品・サービスは、「使えない」「使いにくい」となり、お客様に

とっては「うれしくない」ものになってしまいます。

　「使い方の具体性」を欠いたまま商品・サービスを作ると、

- お客様にとってはどう使ってよいのかピンとこない
- お客様の実際の利用場面・使い方と乖離する

というような失敗が起きます。

まとめますと、

(1)　一貫性のある戦略の欠如：顧客が求めるものとの乖離、
　　　　　　　　　　　　　　　　強みがない、など

(2)　使い方の具体性の欠如：使い方がピンとこない、
　　　　　　　　　　　　　　　利用場面と商品の乖離

の2つが売れない（＝お客様が欲しくない）商品・サービスが
できる主要な原因です。

　本書では、(1) 一貫性のある戦略の欠如、(2) 使い方の具体性
の欠如、の2つを主要な失敗原因と捉え、それを克服するための
考え方と手法を考えて行きます。

(1)　一貫性のある戦略に基づいた商品開発をしよう

(2)　お客様の具体的な使い方を想定した商品開発をしよう

というのが本書のキーメッセージです。

　この2つは、別々のアプローチではなく、最終的には統合され
ていきますが、まずはそれぞれ1つ1つ見ていきましょう。

3 | 一貫性のある戦略：戦略の一貫性を確認する戦略BASiCS

実戦的な戦略フレームワーク：戦略BASiCS

まずは「一貫性のある戦略」から見ていきましょう。

商品開発において、「実際にモノを作る」というのはプロセスとしてはかなり後半の段階です。「顧客ターゲット」や「強み」などの「戦略」を先に考えることになります。「モノ作り」の前に「戦略作り」です。

戦略を作るのに長々と時間をかけようと言っているわけではありません。考えるための材料があれば戦略は5分でできるかもしれませんし、何年もかかるかもしれません。いずれにしても、いきなり「さあ図面を書こう」「ITシステムを作ろう」ではなく、誰に向けて作るか、などの戦略をまず考える、ということです。

ここでは、戦略BASiCS（ベーシックス）という私が提唱している考え方を紹介します。経営戦略に詳しい方にとっては、「3C」（Customer・顧客、Company・自社、Competitor・競合という3つの側面から戦略を考えるフレームワーク）に改善を加えたもの、というとわかりやすいかと思います。

戦略BASiCSは、

①**B**attlefield：戦場・競合

②**A**sset：独自資源

③**S**trength：強み

　i

④**C**ustomer：顧客

⑤**S**elling message：メッセージ

という5つの言葉の頭文字を取ったものです。この5つが、経営戦略・マーケティング戦略で考えるべき「要素」となります。中間の「i」は、まあ語呂合わせですが、戦略には「愛」を込める、と解釈していただければありがたいです。戦略の基本、という意味もこめてBASiCS（ベーシックス）です。

経営戦略・マーケティング戦略で使われる色々なフレームワークの要素を抽出・統合（＝「いいとこどり」）したフレームワークで、商品開発には非常に向いています。本書の中核となる考え方の1つです。

戦略BASiCSを既にご存じの方にとっては、本書は「戦略BASiCS　商品開発編です」と言うとわかりやすいでしょう。

戦略BASiCSの1つ1つの要素の詳細はこのあとの章で見ていきますので、ここではBASiCSの全体像を俯瞰していきます。

ここからは、パイロットのインクが消えるペン、「フリクションボール」を例にとって解説していきます。普通のボールペンのインクは消しゴムでは消せませんが、こするとインクが消える画期的な大ヒット商品です。

フリクションボールの日本での発売は2007年ですが、今ではすっかり市場に定着しました。「世界累計販売本数20億本を突破！」（フリクション全シリーズ、出荷ベース2017年4月末時点　フリクションシリーズHPより　http://frixion.jp/story/）というすさまじい人気商品。私も原稿の赤入れやスケジュール記入などに愛用しています。

では、フリクションボールの戦略を、戦略BASiCSで分析していきましょう。

①Battlefield：戦場・競合　何を代替するか？

　商品・サービスをどの市場に投入し、どの競合からシェア・売上を奪い代替していくか、というのが「Battlefield：戦場・競合」です。「敵」をどこに設定するか、ということです。

　消せるボールペン、フリクションボールが代替したのは、やはりまずはボールペンでしょう。

　「競合がない商品を作ろう」というような場合でも、「全く新しい戦場」というのはなかなかありません。

　「新技術」というのはいくらでもありますが、それは同様な「使い方」をしていた「代替手段」を代替していくことになります。自動車は「新技術」ですが、馬車を「代替」しました。「人間以外の動力で人を乗せて道を走る交通手段」としては、既に馬車があり、自動車は馬車の代替手段だったのです。自動車が最初は「馬なし馬車」と呼ばれたことからもわかりますね。

　電子メールも「新技術」ですが、のろし・飛脚・郵便・FAXという既存の「通信手段」を代替してきたわけです。

　BtoB（法人顧客対象のビジネス）では、生産ラインにセンサーを導入することで検査をする人の人手を減らす、というような商品・サービスがあります。これは、まさに「人の目」を「センサー」で代替する、ということです。

　自動車と馬車は「同じ使い方」（交通手段）をします。電子メールと郵便も「同じ使い方」（通信手段）をします。センサーと人の目も「同じ使い方」（検査手段）をします。「同じ使い方」をするものが競合になるのです。

　新しい商品・サービスといえども、市場には「代替手段」があ

るものです。逆に「代替する対象」がない場合は、需要がないということかもしれません。

　新しい商品・サービスを考える場合、「それは何を代替するのだろうか」すなわち「どこから売上を持ってくるか」という問いを発するのは良い考え方の1つです。

②Asset：独自資源　競合が強みをマネできない理由は？
③Strength：強み　お客様が競合ではなく自社を選ぶ理由は？

　「Asset：独自資源」と「Strength：強み」は、似ているように見える概念（似て非なるものであることは後ほど詳述します）ですので、まとめて説明します。

　まず、「Strength：強み」からいきましょう。

　「強み」は、「お客様が競合ではなく自社を選ぶ理由」です。「戦場・競合」で見てきたように、新しい商品・サービスといえども、通常は市場には「代替手段」すなわち「競合」があります。

　その「競合ではなく、新商品・サービスを選ぶ理由」が強みです。これは「競合にはない独自の価値・うれしさ」と言い換えられます。新商品・サービスの場合は「今までになかった新しい価値・うれしさ」を作ることになります。「うれしさ」が同じなら、価格が安い方が選ばれます（安い方が「うれしい」ですから）。

　フリクションボールの強みは、当然「消せること」です。私はスケジュールを管理する手帳の記入に使っています。スケジュールは変わりますから、消せると非常に便利で「うれしい」です。それは今までのボールペンにはなかったうれしさです。

　フリクションボールは、「今までのボールペンではなく、フリクションボールを選ぶ理由」（＝強み＝新しいうれしさ）を作っ

たのです。

　次に、「Asset：独自資源」です。

　「独自資源」は、「強みを競合がマネできない理由」です。

　強みは「お客様が選ぶ理由」であり「競合にはない独自のうれしさ」です。独自資源は、その「独自のうれしさ」を競合がマネできない理由です。マネできるのであれば、その「独自のうれしさ」はすぐに「独自」でなくなり、強みたり得なくなります。

　例えば、自社に独自の技術力があり、その技術力から強みが生じている場合などは、競合にはその強みがマネしにくいはずです。

　フリクションボールの場合は、独自の消えるインキ、およびその開発力が主要な「独自資源」の1つでしょう。フリクションシリーズのHP（http://frixion.jp/story/）でフリクションボールの歴史が解説されていますが、そこに答えがありそうです。

　『1975 温度変化で色が変わるメタモインキの開発に成功。特許を取得』という一文がありますが、それが競合がマネできない理由であれば、それが「独自資源」です。「メタモ」という名前は、メタモルフォーゼ（変身）からとっているのでしょうね。

　「温度変化で色が変わるメタモインキ」に関わる技術がフリクションボールの「独自資源」なのでしょう。「メタモインキ」が他社にマネできないのであれば、それが「独自資源」となって「消せる」という「強み」を他社のマネから守っているわけです。

④Customer：顧客

　BASiCSの4つめの要素であり、商品開発の中核となるのが「Customer：顧客」です。新商品・サービスを買うかどうかを決

めるのはお客様です。そして、お客様が買うのは「うれしさ」です。

　よく「いいものを作ってるのに売れない」という嘆きを耳にしますが、そんなはずはありません。お客様にとってうれしいものであれば売れます。

　「いいものを作っているのに売れない」というときの主な原因は2つです。1つは「いいと思っているのは自分だけ」でお客様にとっては「いいもの」ではなかった、という場合。もう1つは、「いいものであることがお客様に伝わっていない」という場合です。

　顧客ターゲットを明確にすることも極めて重要です。

　フリクションボールの顧客ターゲットの1つが、「スケジュール管理を紙で行うビジネスパーソン」。HPに「スケジュール管理や打ち合わせのメモ書きも自由自在に修正可能。ビジネスシーンで活躍します」とあることからもわかります (http://frixion.jp/lineup/)。

　商品開発で非常に陥りやすいワナが、「万人に売ろうとして、誰にも売れなくなる」というものです。

　誰に使ってもらうのかがわからなければ、そもそも商品開発はできません。ボールペンの場合、顧客ターゲットが大人なのか、子供なのか、でペンの太さや長さなどが変わるはずです。

　・どんなお客様に

　・どんな価値・うれしさを提供するのか

　は、商品開発のときに考えるべき、一番重要なポイントです。

⑤Selling message：メッセージ

　BASiCSの最後の要素が「Selling message：メッセージ」。

　ここまでの「Battlefield：戦場・競合」「Asset：独自資源」

「Strength：強み」「Customer：顧客」は、概念です。概念は目に見えません。

お客様に伝わる、そして使ってもらえるまでが商品開発です。

「いいものを作っているのに売れない」というときの2つめの原因は「いいものであることがお客様に伝わっていない」というケースでした。

メッセージはまさに「いいものであることをお客様に伝える」ためのものです。

お客様にその商品・サービスの存在が、そしてその「強み」や「うれしさ」が伝わっていなければ、お客様に手にとってもらえず、売れないのです。

フリクションボールの場合、実は「インクが消せるボールペン」には先行者がいました。三菱鉛筆の「ユニボール シグノ イレイサブル」は、消せるという意味では、フリクションボールより5年前の2002年にいちはやく出ています。フリクションボールは「色が変わって透明になる」という消え方ですが、三菱鉛筆はゴムで「削り取る」ことで消す、という鉛筆と同じような消し方です（三菱鉛筆HP　https://www.mpuni.co.jp/news/pressrelease/detail/20130326160559.html）。

こちらの「ユニボール シグノ イレイサブル」もインキがキレイに消えます。細身で、手帳に入れっぱなしにするのに便利な非常に優れた商品です。しかも安価（2018年現在、100円ショップで売っています）。

しかし……最近まで私はこの「ユニボール シグノ イレイサブル」という素晴らしい商品の存在を知りませんでした。知って以来フリクションボールと併用するようになりましたが、知らなけ

れば、どんなに優れた商品でも買いようがないのです。

　フリクションボールが出たときには大分話題になりましたが、フリクションボールは「メッセージ」すなわちお客様にうれしさを伝えることに力を注いだこともその成功要因だったと思います。メッセージの出し方1つで、売上が激変するのです。

　ここまで解説してきた
　①Battlefield：戦場・競合
　②Asset：独自資源
　③Strength：強み
　　　i
　④Customer：顧客
　⑤Selling message：メッセージ

　という5つの要素が「一貫性のある戦略」の要となる要素であり、商品開発の早い段階で決められるべきことです。

　戦略を詰めながら、商品の形状などの具体的なことも試しながら、という、戦略の詰めと商品の具体化の同時進行はもちろんあります。テストマーケティングを繰り返しながら戦略を詰めていく、というのももちろん良いです。

　しかし、早いタイミングで「一貫性のある戦略」を決める必要があります。

　冒頭の化粧品メーカーの開発担当者の言葉に戻りましょう。

　『私たち商品開発部門が製品を作ったあとに、宣伝部門が顧客ターゲットを決めるんです。製品ができた後に、いきなり「スイーツな気分」などの、製品と全く関係ないCMが出てきて驚き

ます』

　これでは「顧客」「強み」「メッセージ」の間に一貫性がなくなります。

　このような一貫性の欠如を、お客様は敏感に感じ取ります。結果として、売れない商品ができてしまうわけです。

　戦略BASiCSの5つの要素が早い段階で決められ、組織で共有されていれば、このような事態は避けられます。一貫性のある戦略BASiCSを描き、強みや顧客ターゲットを明確にしてから商品設計などに入っていくことで、全体として一貫性のある商品・サービスができるわけです。

戦略BASiCSに商品開発の課題が凝縮されている

　戦略BASiCSは、商品開発において中核となる「戦略」をまとめた、いわば設計図のようなものです。

　『中小企業白書〈2017年版〉』では、「新製品開発戦略」に「成功した」企業と「成功していない」企業とで、何が違うのかを分析しています。

　「成功した」企業と、「成功していない」企業の数値の「差」が大きい順に並べたのが次表であり、これが商品開発がうまくいっていない企業の「課題」です。

　数値が大きいほど、「成功していない」企業の特徴となっている、ということです。

成功した企業と成功していない企業の「差」

①自社の製品・サービスの情報発信が不十分である	9.6ポイント
②市場ニーズの把握が不十分である	6.9ポイント
③販路開拓が難しい	6.7ポイント
④必要な技術・ノウハウの取得・構築が困難	4.7ポイント
⑤必要な技術・ノウハウを持つ人材が不足している	4.4ポイント
⑥自社の強みを活かせる事業の見極めが難しい	3.9ポイント
⑦新事業展開に必要なコストの負担が大きい	1.6ポイント

『中小企業白書〈2017年版〉』　第2-3-12図を元に筆者作成
http://www.chusho.meti.go.jp/pamflet/hakusyo/H29/h29/html/b2_3_2_2.html

　このデータは、まさに戦略BASiCSの5つの要素に商品開発の課題が凝縮されていることを示しています。

　「①自社の製品・サービスの情報発信が不十分である」は、まさに「Selling message：メッセージ」の問題。商品・サービスそのものではなく、「情報発信」が「新製品開発戦略」における最大の課題だというのは非常に示唆的です。

　「②市場ニーズの把握が不十分である」は、「Customer：顧客」の把握における課題であり、「④必要な技術・ノウハウの取得・構築が困難」というのは、「Asset：独自資源」に分類される課題です。

　「⑤必要な技術・ノウハウを持つ人材が不足している」については、まさにそのような人材となっていただくべく本書が書かれました。ちなみに「人材」は「独自資源」に分類されます。

　「⑥自社の強みを活かせる事業の見極めが難しい」は、「Strength：強み」を活かす「Battlefield：戦場・競合」の定義を

どうするか、という課題です。

「⑦新事業展開に必要なコストの負担が大きい」については差の値が小さく、回答数の問題もあり、私の方で分析したところ統計的有意差はなさそうでした。

つまり「③販路開拓が難しい」以外の商品開発上の課題については、戦略BASiCSでかなり網羅的にチェックできるのです。「③販路開拓が難しい」については、商品開発というよりは営業の問題でしょうから、本書の範囲からは外れます。

戦略BASiCSの5つの要素に商品開発の課題が凝縮されるということが、このデータからも明らかになりました。そしてそれは、戦略BASiCSが商品開発の有効なチェックポイントになるということの証明となります。

打ち手の「4P」は戦略で決まる

ここで、1つの疑問が浮かぶかもしれません。実際に売れない理由というのは、例えば

・商品の機能や性能が不十分だった

・価格が高すぎた

というようなものではないのか、と。商品開発の失敗とは、「商品」の失敗なのではないか、と。

この質問にお答えする前に、マーケティングミックスの「4P」という考え方について、簡潔に説明しておきます。ご存じの方は読み飛ばしてください。

先ほどの戦略BASiCSが「戦略」を考えるためのフレームワークであるのに対して、4Pは「打ち手」を考えるためのフレームワークです。

　マーケティングの具体的な打ち手は、以下の4つに分解できる、というのが4Pの考え方。

Product　　（売り物）：商品・サービス

Promotion（売り方）：広告・販促

Place　　　（売り場）：販路・チャネル

Price　　　（売り値）：価格・支払い方法

　すべてPで始まっていますので「4P」ですね。正確には4Psでしょうが（Pが複数ですから）、一般的には4Pと言われますので、本書でも4Pと称します。

　Product、Promotion、Place、Priceという英語だと覚えにくいので、私はそれぞれ「売り物」「売り方」「売り場」「売り値」と呼んでいます。本書もその呼び名に統一します。

　BtoC（個人顧客対象のビジネス）でもBtoB（法人顧客対象のビジネス）でも4Pの考え方は共通して使えます。

　売り物（商品・サービス）：商品・サービスそのものはもちろん、アフターサービス、使い方指導なども含めての「売り物」です。サービス業の場合はサービスが売り物です。私は経営コンサルタントですが、コンサルティングサービスが売り物です。

　売り方（広告・販路）：テレビCM、雑誌、DMなどはもちろん、カタログやセールストークも含めての「売り方」です。

　売り場（販路・チャネル）：代理店や売る店舗などのいわゆる「チャネル」に加え、自社の営業担当者は動く「売り場」です。通信販売の場合は、カタログやHP、電話などが売り場になります。

　売り値（価格・支払い方法）：価格体系、支払いサイト、見積

もりの出し方、クレジットカードが使えるか、などの支払い方法まで含めての「売り値」です。

　4Pは、この4つで打ち手を考えていくと考えやすいという便利な考え方です。

「売り物」は全体の戦略の中の１つのピース

　では、先ほどの疑問に戻ります。実際に売れない理由というのは、例えば

- 商品の機能や性能が不十分だった
- 価格が高すぎた

などではないか、と。

　「商品」も「価格」も先ほどの4Pレベルの要因です。

　確かに、4Pレベルでの問題が直接的な失敗の原因として見えやすくわかりやすいです。

　しかしそれは、今日遅刻した理由が「タッチの差で電車に乗れなかったから」と言い訳するようなもの。起きてからの行動、さらには起床時間、さらに戻れば、前日の就寝時間などにもっと根本的な原因があるはずです。

　商品の機能や性能が不十分だったかどうかは、そもそも「お客様にとって」どうか、ということです。お客様にとって「十分」であればよいわけです。

　逆に、どんなに高機能でも、「お客様」が使わないような機能をどれだけ頑張って付加しても無価値です。また、商品の良し悪しは、「競合」との比較の問題でもあります。結局は、これらは「競合」に対する「強み」などの「戦略」の問題です。

　価格が高すぎたという場合でも、それは顧客ターゲットの設定

ミスかもしれません。「価格が高かったから売れない」のではなく、「価格が高いと言うような顧客のところに売りに行ったから、価格が高いと言われた」ということもあり得るのです。それに、商品に「独自のうれしさ」（＝強み）があり、お客様が欲しいものになっていれば、お客様は高くても行列に並んででも買うのです。これも結局は「戦略」の問題です。

　本書は「新しい商品・サービス」の開発をお手伝いする本です。しかし、商品・サービス（4Pでいう「売り物」）は、全体の戦略の中の「1つのピース」でしかないのです。もちろん重要なピースではありますが、商品・サービス「だけ」を取り上げて議論すべきではありません。

　「誰にとって」（顧客）、「誰と比べて」（競合）、どんな「独自のうれしさ」（強み）を作っていくか、などの戦略的な考え方を抜きにした商品開発はありえないのです。

　さらに言えば、4Pは戦略で決まります。実態としてもそれが証明されています。

　『日本企業のマーケティング力』（有斐閣、2012年）という、一橋大学の教授陣が中心になって日本企業のマーケティングの実態についてつぶさに調べた良書があります。その本によれば、

　　「マーケティング・ミックスに関する4つの戦略（筆者注：
　　4Pのことです）は、事前のマーケティング戦略によってその8割以上が説明されることを示している」

となっています（P.120）。

　企業活動の実態として、4Pは「事前のマーケティング戦略」に

よって決まっていることがデータでも明らかにされているのです。

　実態としても、**商品開発の8割以上はマーケティング戦略を考えること、**となっているのです。

　そしてこれは、先ほどの「戦略BASiCSの5つの要素に商品開発の課題が凝縮される」という『中小企業白書』の結果とも整合性がある結論でもあります。

ヒット商品は「計算尽く」

　戦略を考えることに意味があるかどうか、という点でよく言われるのが「偶然のヒット」の存在です。

　ヒット商品は偶然生まれることが多いから、あまり戦略を事前に練ってもしょうがない、というような議論ですね。

　そういうヒット商品もあるでしょう。

　が、全体としては、そうはなっていません。

　『中小企業白書〈2005年版〉』にこのことについて調べた結果があります。

　　『ヒット商品が生まれる過程においては、偶然性が語られることもあるが、実際にはそのような偶然的、突発的に生まれ出ることはほとんどない。実際、現在のヒット商品は販売前から「売れる」と予想していたのは89.1％となっており（第2-1-62図）、販売前から「売れる自信がない」、「売れるかどうか分からない」ような商品はやはり売れないのである』
　　（『中小企業白書〈2005年版〉』http://www.chusho.meti.go.jp/pamflet/

hakusyo/h17/hakusho/html/17213130.html)

「とりあえず作ってから、誰に売るか考えよう」というような、戦略のない商品・サービスは売れないということです。

ただ、「ヒット商品は計算尽くで生まれる」ということは、必ずしも「きちんと考えれば、必ずヒット商品ができる」ということは意味しません。

考えても考えても、外すものは外します。打率10割のヒットメーカーなんか存在するはずがありません。

また、「意図とは違った使い方」をお客様がしており、そちらの使い方を訴求したら売れたということも、経験的には結構あります。

ですから、最初に戦略は詰めますが、お客様の使い方を調べたり、テストマーケティングをしたりしながら進んで行く、ということになります。このような商品開発のプロセスについては、第6章で取り上げます。

4 具体的な使い方の提案：価値は使い方に現れる

価値は使い方に現れる：使うときがうれしいとき

ここまで、売れない商品ができる1つめの原因である「一貫性のある戦略の欠如」について考えてきました。あわせて「打ち手」の4Pについて、そして4Pは戦略で決まる、ということを見てきました。

ここからは、「売れない商品」ができる2つめの原因である「使

い方の具体性の欠如」について考えていきましょう。

　お客様が欲しい商品というのは、お客様にとって価値・うれしさのある商品だから、商品開発とは「うれしさ」開発だ、ということを前に見てきました。

　価値・うれしさというのはお客様がアタマの中で感じることですから、売り手の目には見えず、具体化することが非常に難しいものです。

　しかし、価値・うれしさを見えるようにする方法はあります。

　「価値が発現する瞬間」すなわち「お客様にとってうれしいとき」というのは、「商品・サービスを使うとき」です。**お客様は「使う」ために商品・サービスを買うのです。**

　「価値」「うれしさ」は「課題解決」であり「目的達成」です。お客様は、あなたの商品・サービスを「使う」ことで目的を達成し、うれしさを感じます。

　フィットカットカーブであれば「切りにくいものが軽い力で切れたとき」がうれしいときであり、目的が達成されたときです。「切りにくいものを切る」という「使い方」において、フィットカットカーブの価値が発現します。

　ですから、**「価値は使い方に現れる」**のであり、**「使うときがうれしいとき」**なのです。フィットカットカーブの「価値」は切りにくいものを切るという「使い方」に現れるのです。

　逆に、**「使い方」**を見れば、そこに**価値・うれしさが見える**のです。

　先ほどのフリクションボールについて考えてみましょう。フリクションボールの提供する「うれしさ」はなんでしょうか?

　フリクションボールの「うれしさ」は「インクが消えること」

40

に由来します。が、「インクが消えること」自体がうれしさではありません。

　フリクションボールのうれしさは「使い方」に現れます。手帳に自分のスケジュールを記入し、スケジュールが変わったときに消して書き直せます。そのような「使い方」ができたときに、お客様はうれしいわけです。

　消えるのがうれしい、というより、「書き直せる」という「使い方」ができるのがうれしいのであり、フリクションボールの価値は「前に書いたものを消してスケジュールを書き直す」という「使い方」に現れるのです。

　ちなみに私は、フリクションボールを本書の執筆のような、原稿の修正のときに使っています。出版社さんから届いた原稿を校正するときに赤ペンで修正をする、いわゆる「赤入れ」のために使います。

　赤入れは目立つように「赤」のボールペンで行いますが、自分で赤入れをしたものに、その上から再度修正を入れることがよくあります。

　普通のボールペンは一度書いたら消せませんから、二重線などで消してその上に再度赤入れをします。赤入れに赤を入れた状態だと非常に見にくく、編集者さんにかなりの迷惑をかけてしまいますし、間違いも起きやすくなります。

　フリクションボールであれば、自分で入れた赤の修正を「消して」、再度修正できます。すると、自分にも編集者さんにも非常に見やすいのです。

　（私の場合は）「原稿に赤入れする」という「使い方」のときに、フリクションボールは大きな「価値」を発揮する（＝私がう

れしい）のです。私はそのためにお金を払っているのです。

　お客様が感じている価値・うれしさは目に見えません。しかし、お客様の「使い方」は目に見えます。

　お客様のフリクションボールの「使い方」を見れば、フリクションボールが提供しているうれしさが「見える」のです。

　「価値は使い方に現れる」のであり、「使うときがうれしいとき」なのです。「価値は使い方に現れる」というのは、本書の最重要テーマの1つです。

価値・うれしさ中心の商品開発＝使い方中心の商品開発

　「価値は使い方に現れる」と考えることで、「価値創り」「うれしさ創り」が劇的にやりやすくなります。

　「新しい価値を創れ」と言われてもピンときません。

　しかし「価値・うれしさ」＝「使い方」ですから、「新しい価値を創ること」はすなわち「今までになかった、うれしい使い方を創ること」なのです。

　ですから、

　　○新商品開発＝新しい価値・うれしさの開発
　　　　　　　　＝新しい使い方の開発

となります。

　フリクションボールが創りだした「新しいうれしさ」とは、

・スケジュール帳に書いた予定を消して新しい予定を書き込む
・原稿に入れた赤入れを消して再度修正する

　という、ボールペンの「新しい使い方」なのです。

　「新しいうれしさ」の提案とは、「新しい使い方」の提案なのです。極めて重要なので繰り返します。

　「新しいうれしさ」の提案とは、「新しい使い方」の提案なのです。その理由は、「価値は使い方に現れる」からです。

　「今までになかった、うれしい使い方」が、新しい価値であり、それを考えて実現していくことが商品開発なのです。

　逆に言えば、「今までになかった、うれしい使い方」ができないのであれば、お客様は「うれしさ」を感じません。

　ですから、「使い方の具体性の欠如」が、売れない商品・サービスができる主要な原因となるのです。

　「価値は使い方に現れる」のですから、**「使い方」を中心に商品開発をしていくことこそがそのまま「価値創り」「うれしさ創り」につながるのです。**

　ですから本書は、「使い方中心の商品開発」を中核的な発想としているのです。

売り手はお客様の「使い方」を把握していない

　「今までになかった、うれしい使い方の提案をしよう」というと当たり前のように聞こえますが、実際にはかなり難しいことです。これがカンタンにできれば、売れない商品・サービスなどはこの世からなくなります。

　「今までになかった、うれしい使い方」の提案が難しい理由は2つ。

　1つは、売り手が意外にお客様の使い方を把握していない、ということ。

冒頭の刃がカーブしたハサミ、フィットカットカーブの事例で考えてみます。

　ハサミに求めるうれしさは「何かを切る」という目的を果たす、ということです。そしてそのうれしさは、「何かを切る」という「使い方」に現れます。

　日経MJの記事を再掲します。

　　『これまで各社はハサミで紙に対する切れ味を競ってきた。
　　だが、家庭で薄い紙を切る機会はわずか8%だということが
　　消費者調査でわかった』（2012/06/06 日経MJ P.6）

　フィットカットカーブを開発するまでは、ハサミメーカー各社は「薄い紙の切れ味」競争をしていました。これは実際にはお客様が使わない使い方ですから、お客様にとっては「価値のない競争」だったわけです。薄紙がよく切れても、お客様はそもそもそういう「使い方」をしないので、うれしくないわけです。

　ハサミメーカー各社は、実はお客様の「ハサミの使い方」を知らなかったのです。お客様の「使い方」を把握していない状態での性能競争は、このような無価値な競争になります。

　フィットカットカーブは、

　　『プラスチックや厚紙など、より硬いものを切ることの方が
　　多い』（2012/06/06 日経MJ P.6）

　という、お客様のハサミの実際の「使い方」を把握することで生まれたヒット商品です。

　私が感心したのは、ハサミの使い方をきちんと調べた、ということです。

　普通は、「ハサミの使い方？　そんなの薄紙を切るに決まってる。それが常識だ。終了」となります。が、その「思い込み」に自ら疑問を投げかけ、お客様の「ハサミの使い方」をきちんとお客様に確認しました。

　すると、お客様が実際に切っていたのは薄紙ではなく、厚紙や、通販で買ったものが入っている段ボールなどだったのです。その「使い方」に合わせたハサミを開発したら、大ヒット商品が生まれたのです。

　ハサミは薄紙を切るために使われる、という「根拠のない常識」を疑ってお客様に確認してみたら、やっぱり間違っていた」ということです。「売り手の常識はお客様の非常識」というのは、業種業態を問わずよくあるものです。

　同様にサービス業でもお客様の「使い方」を把握するのが難しいことがあります。例えば「美容院」。美容院の「価値」も使い方に現れますが、一番うれしい瞬間は例えば髪の毛を切って気になるあの人に「その髪型カッコイイね」「あれ、キレイになったね」と褒められたときでしょう。美容師さんは、お客様がどんな人に褒められたいかというお客様の「使い方」を把握していなければ、どんな髪型にすれば良いのか、わからないのです。「婚活」なのか「就活」なのかでカットや色が変わるかもしれません。

　価値は使い方に現れます。「使い方」を知ることが、刺さる商品・サービス作りにおける最初のステップです。

「何でも」はお客様に刺さらない

　「今までになかった、うれしい使い方の提案」が難しいもう1つの理由は、「新しい使い方の提案」をしたとしても、その「使い方」に具体性がないとお客様に刺さらないということ。

　特によく見る失敗が、「何でもかんでも症候群」。「アレもできます、コレもできます、ソレもできます、ついでに……」となってしまうこと。

　あなたが飲食店で従業員に「お勧めメニュー」を聞いたときに「何でもおいしいですよ」と言われたら、イラっとしませんか？「お勧めは何？」に対して「何でも」は、そもそも答えになっていません。それと同じで「何でも」は「お勧め」にならないのです。

　素晴らしい例が、「熱さまシート」（小林製薬）。1994年発売のロングセラーで、子供が熱を出したときにおでこに貼る、というすさまじく具体的な「使い方」を提案した商品。パッケージのイラストも、子供のおでこに貼るという「使い方」を絵にしたものです。

　売れない会社は、「万人用・全身用冷却シート。いつでも誰でも何でも冷やせます」とやってしまいます。使い方に具体性がないために、何に使えばいいのか、お客様にはさっぱりわかりません。

　「今までになかった、うれしい使い方の提案」には、「子供が熱を出したときにおでこに貼る」というレベルの極めて具体的かつ今までなかったような気の利いた提案が必要です。そしてこれが「今までになかった、うれしい使い方の提案」が難しい理由なのです。

　価値は使い方に現れます。お客様が具体的な使い方をすぐに理解できる「細く鋭い矢」のような商品が、お客様に刺さる商品・

サービスなのです。

　お客様に刺さるのは「いつでも使える万人用・全身用冷却シート」ではなく、「子供が熱を出したときにおでこに貼る」という「超具体的な使い方」を提案した「熱さまシート」なのです。

　「単なる冷却シート」（というと失礼で申し訳ありませんが）が、「子供が熱を出したときにおでこに貼る」という「極めて具体的な使い方」を得た瞬間に、すさまじい「価値」を生み出したのです。「商品開発はうれしさ開発」の模範的な事例です。

5 | 使い方中心の商品開発を 戦略BASiCS使って行おう

使い方中心の商品開発3ステップ

　ここまでの重要ポイントをいったんここで整理しておきます。

　お客様は、商品・サービスがもたらす価値・うれしさを買っています。だから商品開発は「うれしさ開発」です。

　そして「価値は使い方に現れる」のですから、商品開発において「新しい価値・うれしさの提案」は、「新しい使い方の提案」となります。

　この考え方に基づいた「新しい価値を提案する商品開発」は、

　ステップ1　お客様の「使い方」を考える
　ステップ2　「使い方」にあった強みを作る
　ステップ3　お客様に刺さる「使い方」を提案する

という、シンプルな3ステップになります。これを「使い方中

心の商品開発3ステップ」とここで名付けます。

　この「使い方中心の商品開発3ステップ」が本書で推奨する商品開発です。

　刃先がカーブしたハサミ、フィットカットカーブでは次のようになります。

ステップ１　お客様の「使い方」を考える

　プラスは、まずはお客様がハサミをどう使っているかという「使い方」を調べました。すると、今まで想定していた薄い紙ではなく、厚紙を切っていることがわかりました。

ステップ２　「使い方」にあった「強み」を作る

　そこでプラスは、厚紙を切るなどの「使い方」に合わせるべく、刃先がカーブしたハサミを作りました。これなら、厚紙を刃先がしっかりつかんで軽い力で切れます。

ステップ３　お客様に刺さる「使い方」を提案する

　そして、「切りにくいものでも軽い力で切れる」ハサミとして、フィットカットカーブを出したら大ヒットしたわけです。

　すさまじくシンプルな3ステップですが、これが本書の目指すところです。

使い方中心の商品開発３ステップを構成する戦略BASiCS

　この「使い方中心の商品開発3ステップ」の構成要素は、先ほどの「戦略BASiCS」です。戦略BASiCSが「使い方」を「戦略」

面から補強していきます。

　「使い方中心の商品開発3ステップ」と「戦略BASiCS」の2つ
を組み合わせたものがそのまま本書の章立てになります。

ステップ1　お客様の使い方を考える：「顧客」「戦場・競合」

　第1章　Customer：顧客　お客様の使い方を把握する

　第2章　Battlefield：戦場・競合　その使い方における代替手
　　　　　　　　　　　　　　　　　段・競合を知る

ステップ2　「使い方」にあった「強み」を作る：「強み」「独自資源」

　第3章　Strength：強み　その使い方において顧客が自社を選
　　　　　　　　　　　　　ぶ理由を作る

　第4章　Asset：独自資源　強みを競合がマネできない理由を
　　　　　　　　　　　　　作る

ステップ3　お客様に刺さる「使い方」を提案する：「メッセージ」

　第5章　Selling message：メッセージ　使い方・強みをお客様
　　　　　　　　　　　　　　　　　　　に伝える

　そして最後に、この3ステップをきちんと実行していくための
プロセスとして、

　第6章　商品開発のプロセスと組織

を考えて、本書を締めていきます。

　ここで、売れない商品ができる2つの原因を思い出してくださ
い。

　(1) 一貫性のある戦略の欠如

　(2) 使い方の具体性の欠如

この売れない商品ができる2つの原因は、「使い方」を中心にお きながら「戦略BASiCS」で一貫性のある戦略を考えていくこと で、一挙に解決できます。

本書で提唱する商品開発の手法は、

(1) 戦略BASiCSで「一貫性のある戦略」を考えながら

(2) 使い方中心の商品開発3ステップで「具体的な使い方」に 落とし込んでいく

というシンプルな手法です。

まとめますと、本書で提唱する商品開発の方法は、

「使い方」を中心にして、戦略BASiCS全体の一貫性・具体性 をとっていく

ということです。

他業種の事例から学ぶと「革新的」

本論に入る前に、1つだけ重要な指摘をさせてください。本書 では文具、カバン、家電製品、旅行・観光、など色々な業種業態 の事例を取り扱います。

その理由は、「他業種の事例」は学びが大きいからです。

『中小企業白書〈2005年版〉』に、経営革新においてどんな取組 をすると「成長」につながるか、という調査があります（第2-1-34 図　経営革新の新規性と成長率の比較　http://www.chusho.meti.go.jp/ pamflet/hakusyo/h17/hakusho/html/17212130.html）。ここでいう「経営 革新」で一番多い取組が「新しい商品の仕入れまたは生産」です から、このデータは商品開発にもあてはまることになります。

それによれば、

業界内では全く行われていない新たな取組	17.3%
一部の中小企業のみで行われている取組	9.6%
大企業のみで行われている取組	6.4%
広く普及している取組	3.3%

となっています。数字は、「経営革新を行っていない企業の企業成長率を0として比較している」もの、つまり高いほど成長につながる取組、ということです。

一目瞭然、「業界内では全く行われていない新たな取組」をしている企業は、他に比べて圧倒的に「成長率」が高いのです。

ポイントは、「業界内では」という言葉です。業界内では全く行われていない、ということは、他業種では行われていてもよい、ということです。

他業種の成功事例を自業種に取り入れるというのは典型的な成功法則の1つ。

他業種の成功事例の活用が成長につながる主な理由は2つ。1つは既に成功している取組ですから実績があり、それを参考にできること。もう1つは、他業種では当たり前でも、自業種のお客様にとっては「革新的」になるからです。

例えば、文房具の「カタログ通販」を初めに大がかりに始めたのはアスクルです。1993年のことです。今となっては文具に限らず通販は当たり前のことですが、当時は他に類を見ない「革新的な新サービス」でした。

が、当時いわゆるカタログ通販は、ニッセンなど「他業界」では一般的に存在していました。それにもかかわらず、アスクルが始まると「革新的な新サービス」と言われ、成長を遂げたのはご存じのとおりです。

　アスクルには既存の文具店を代理店として使う、などの素晴らしい工夫はありましたが、その本質は「文具がカタログ通販で買える」というシンプルなもの。そしてそれは他業種では当たり前にあったこと。

　他業種で当たり前に行われているアイディアを「初めて」自業種に取り入れると「革新的」になります。そしてそれが高い成長につながる、ということは先ほどのデータで証明されています。

　逆に、一番成長率が低いのは「広く普及している取組」。みんながやっていることを「今更」やっても「新しいうれしさ」を生まないのです。二番煎じは成長につながらないという感覚的に理解されていることは、データでも証明されているわけです。

　自業種から学ぶと「二番煎じ」です。それよりは、他業種から学びましょう。

　他業種の事例をそのまま使えなくても、応用すれば使えることもあるはずです。

　本書で紹介している様々な他業種の事例をあなたの業種に取り入れれば、「革新的」になるかもしれません。そしてそれは「成長」に貢献することがデータでも証明されているのです。

　ですから、本書では様々な業種業態の成功事例を取り上げているのです。

　「他業種の事例だから関係ない」ではなく、「他業種の成功事例は自社の成功の元ネタ」とお考えいただき、本書の様々な「他業

種の事例」をご覧いただければ「成長」につながります。

　そのような視点で本書の「他業種の事例」をご覧いただくと、本書は「革新的なアイディアの宝箱」となります。

　なお、必ずしも「現在の」新商品・サービスを取り上げていません。今となっては「伝統的な」商品・サービスも、それを上市したときは「新商品・サービス」です。

　本書で事例を紹介するときには、「現在の商品・サービス」としてではなく、「当時の新商品・サービス」として、商品開発のときの考え方などに迫っていきます。

序章　戦略の一貫性と使い方の具体性

1　商品開発の重要性は増すばかり

- ヒット商品は利益につながる
- 新商品・サービスの寿命が短命化している

2　商品開発は「うれしさ」開発

- お客様は「価値」を買う；
  お客様が得る価値＝うれしさ＝課題解決＝目的達成
- 売れない商品・サービスができる2つの原因
  - （1）一貫性のある戦略の欠如
  - （2）使い方の具体性の欠如

3　一貫性のある戦略を考える：戦略BASiCS

- （1）Battlefield：戦場・競合
- （2）Asset：独自資源
- （3）Strength：強み
  - i
- （4）Customer：顧客
- （5）Selling message：メッセージ

4　使い方の具体性を考える：使い方中心の商品開発3ステップ

- ステップ1　お客様の「使い方」を考える
- ステップ2　「使い方」にあった強みを作る
- ステップ3　お客様に刺さる「使い方」を提案する
- 価値は使い方に現れる：
  新商品開発＝新しいうれしさの開発＝新しい使い方の開発

New Product Development Strategy

どんな人のどんな使い方に 向けて作るか、考えよう

1 | 商品開発では 「お客様の立場に立つ」ことが最も重要

お客様の立場に立ち、お客様の求めるものを考えよう

　前説である序章を終え、ここから本論に入っていきます。

　「はじめに」で、せっかく作った新商品・サービスがなぜ売れないかというと、それは「お客様が欲しい商品・サービスではないから」と申し上げました。

　商品開発とは「お客様の欲しいもの」を作ることです。「自分が作りたいものを作る」のは自由ですが、その場合は売れなくても文句を言ってはいけません。「自分が作りたいものを作る」のは、ビジネスではなく「趣味」です。

　ですから商品開発の考え方のド真ん中にあるべきなのが「買うかどうかを決める」存在であるお客様、「顧客」です。

　ということで、第1章は「顧客」から入っていきます。戦略BASiCSでは、「Customer：顧客」のところです。

　そして第1章は同時に、「使い方中心の商品開発3ステップ」における

　ステップ1　お客様の使い方を考える

という、最初のステップでもあります。

　「価値は使い方に現れる」のですから、使い方を考える、とは、お客様にどんな「うれしさ」を提案するか、とほぼ同義です。

　そして、「お客様の使い方」＝お客様の「うれしさ」が商品開発において一番大事なことです。

　後述しますが、新商品・サービスのアイディアの「入口」は「顧客」だけとは限りません。「技術」だったり「競合」だったり、他業種だったり、色々とあるでしょう。

　そう言ったうえで、商品開発において一番重要なのは、「顧客」です。お客様が欲しくないものは売れないからです。

　ですからお客様の立場に立ち、お客様の求めるものを考えることが、商品開発において一番大事なことです。

　問題はそれが極めて難しいことです。カンタンだったら、世の中から「売れない商品・サービス」などはなくなります。

　お客様の立場に立ち、お客様の求めるものを把握することが難しい理由の1つがそのための「方法論」が提示されないことです。具体的なやり方がわからなければ、いくらやりたくてもできません。「お客様の立場に立とう」というスローガンだけでは、お客様の立場に立てないのです。

　お客様の立場に立つための本書が提示する方法は2つ。

①顧客像を具体化すること
②「具体的な使い方」を考えること

　1つは、顧客像を具体化すること。「お客様の立場に立とう」と言っても、「どのお客様」の立場に立つかによって、すべきことは変わります。

　もう1つは、商品・サービスの「具体的な使い方」を考えること。使い方を明確にすると、お客様が求めるものがわかりやすくなります。「具体的な使い方を考える」というのは本書全体の中核テーマでもあります。

最終的にはこの2つを組み合わせ、「どんな具体的な顧客に、どんな具体的な使い方を提案するか」と考えていきます。

　まずは顧客像を具体化することから考えていきましょう。

2 ｜ 顧客像を具体化しよう

顧客セグメンテーションと顧客ターゲット

　「お客様の立場に立つ」ための1つめの方法は、顧客像を明確化・具体化することです。

　顧客像を明確化・具体化しなければ、そもそも誰の立場に立とうとしているのかがわかりません。顧客像を明確化・具体化するほどに、「誰の立場に立つか」が明確化・具体化されます。同時に100万人の立場に立つことは極めて難しいですが、1人の立場に立つことならまだやりやすいです。

　顧客像を明確化・具体化していくにあたり、前提となる言葉の解説をしておきます。セグメンテーション（顧客セグメンテーションとも呼ばれます）と顧客ターゲットです。

　セグメンテーションとは、顧客をグループに「分ける」ことです。分ける理由は、人によって「求めるもの」が違うからです。

　「価値は使い方に現れる」という文脈で言えば、人によって商品・サービスの「使い方」が違います。ハサミ1つとっても、オフィスの文房具として使う人もいれば、キッチンで食材を切るのに使う人もいます。使い方が変われば、それぞれに求めるものが違うため、分けて考える必要があるのです。

　分けられた1つ1つのグループを「セグメント」（顧客セグメン

図2：顧客セグメンテーションとターゲット

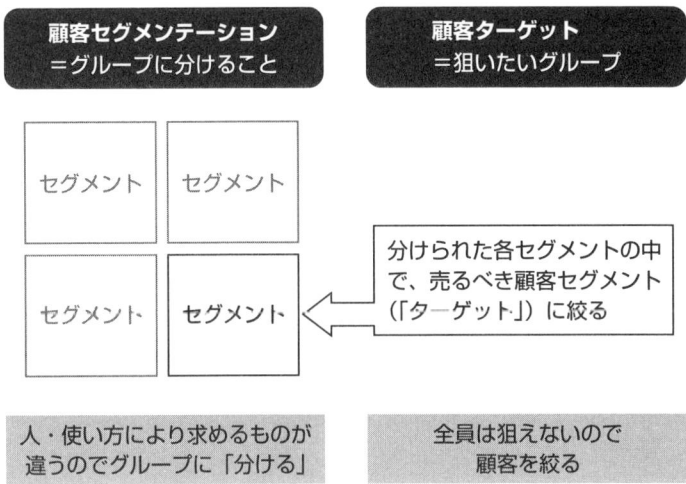

©Yoshinori Sato

トとも呼ばれます）と呼びます。

　顧客ターゲットは、その分けられたセグメントのうち、自分が「狙いたいセグメント」のことです（**図2**）。

　この2つはマーケティングではよく使われる言葉ですし、商品開発においても重要な概念です。大事なお客様に対して「ターゲット」（的）や「狙う」などの失礼な言葉を使うのは心苦しいのですが、慣習としてそのような言葉を使いますので、お客様に心の中で謝りながらその慣習に従います。

　セグメンテーションで問題になるのが、セグメンテーションの切り口です。顧客ターゲットを明確化・具体化するにあたって、どのような切り口で描写するか、ということです。

まずは「デモグラフィック」（＝人口統計学的）な描写が基本となります。BtoC（個人顧客対象のビジネス）では「20代女性を狙おう」というような性別・年代を切り口とした描写がよく使われます。他にも、職業、居住地、年収などの切り口も使われます。BtoB（法人顧客対象のビジネス）では、「○○業の中小企業を狙おう」というような、企業規模・業種を切り口とした描写が使われることが多いですね。

　それに対して、「サイコグラフィック」（＝心理学的）な描写も重要です。BtoCでは、「趣味・好きな雑誌」「休日に遊びにいくところ」などのライフスタイルを表すものです。BtoBでは例えば「戦略」や「稼ぎ方」（高単価・低回転率か、低単価・高回転率か）などがそれに近い感じになるでしょうか。

顧客ターゲットを明確化・具体化しよう

　では、どのようにして顧客ターゲットを明確化・具体化していくか、考えていきましょう。

　「カバン」を例にとって考えてみましょう。誰でも持っており、イメージしやすいからです。あなたもビジネス用、カジュアル用、旅行用など、カバンをいくつかお持ちですよね。

　商品開発で、「万人向け」はまずあり得ません。カバンの場合、私の4才の娘と、私と、妻と、私の両親（70代）では、求めるものが違いますから、使うカバンが違います。私が使うカバンは、4才の娘には使えません。これは「当たり前」のことです。「万人」向けがあり得ないのは「当たり前」なのです。

　人によってカバンに「求めるもの」が違いますから、特定の「顧客ターゲット」に向けて作ることになります。

　では、仮に「20代女性向け」のカバンを作ろうとするとしましょう。BtoC（個人顧客対象のビジネス）では、このような顧客ターゲットの描写はよく見ます。BtoB（法人顧客対象のビジネス）の方は、「大企業を狙おう」くらいの描写が「20代女性向け」に相当するでしょう。

　結論としては、「20代女性向け」という描写は粗すぎます。これではカバンは作れません。

　20代女性というと、20才の女子大生、25才の内勤の女性、25才の外を飛び回る営業ウーマン、29才の専業主婦、全てが入ってきます。カバンに求めるものはそれぞれ違いそうです。

　ですから、「20代女性向け」で終わらせず、「どんな？」「どんな？」とそこからさらにさらに具体化していく必要があります。

　例えば「20代女性」は「10代女性」と何が違うのでしょうか？「20代女性は仕事を持っていて仕事に使う」ということであれば、「20代」が大事なのではなく「仕事をしている」ということが大事なのですよね？　20代でも、専業主婦は顧客ターゲットに入らない、ということになります。となると「仕事をしている20代女性向け」と具体化されます。

　しかし、30代女性でも仕事をしている女性はたくさんいますから、「なぜ30代ではなく20代なのか？」と具体化していく必要があります。30代と同じなのであれば、分ける意味がありません。

　「20代の方が華やかな色使いを好む」ということであれば、「20代」が大事なのではなく、「華やかな色使いを好む」が大事だということになります。

　こうすると「仕事をしていて、華やかな色使いを好む20代女性向け」とかなり具体化されます。商品にも落としやすくなります

ね。この時点で、「20代」という表現が不要だと思えば取ってしまって、「仕事をしていて、華やかな色使いを好む女性向け」とすれば良いですね。こうなると、実は「20代」は関係なかった、ということになります。

「求めるもの」が違うから「分ける」のがセグメンテーションです。「求めるもの」の違いを適切に表せる切り口を使うのが重要です。

「20代女性」のような粗っぽい描写で止めずに、「20代女性だから、他の顧客と求めるものにどんな違いがあるのか？」と具体化していくことで、求めるものが明確になり、具体的なカバンに落ちてくるのです。

- どんな人の
- どんな「求めるもの」に

応えるのか、この2つをぐるぐると回しながら考えていくわけです。

このプロセスを繰り返していくと、最終的には

「1通りの顧客向けの、1通りのカバン」

へと収斂していくことになります。

それが顧客ターゲットを明確化・具体化していく、ということです。

顧客ターゲットを「1人」に絞ったカナナプロジェクト

顧客ターゲットを明確にすることは、極めて重要です。まず、顧客が明確でなければそもそも商品・サービスが作れません。万

人向けの商品はあり得ません。また、それにより「お客様の立場に立ちやすくなる」ことは既に解説しました。

同時に、差別化もしやすくなります。「万人向け」にするほどに「平均値」に近づきますから、差別化が難しくなります。多くの人に売ろうとするほどに商品・サービスの「カド」が取れていき、「強み」を失っていくのです。

理想は、顧客ターゲットを「1人」に絞ることです。そうすればそのお客様の求めるものが非常に明確(というか、ただ1通り)になり、それにあった商品・サービスを作れます。

しかし、顧客が本当に「1人」しかいないのであれば、それでは市場がありません。

顧客ターゲットを「1人」に絞りながら、十分な市場がある商品・サービスを考えないといけない、というのは商品開発に携わる方なら誰でも経験するジレンマの1つです。

このジレンマを解決する手法の1つを紹介します。それは……

「その人の言うことを聞けば、みんなに売れる」

という1人の人に絞り、その人1人を顧客ターゲットにするのです。そのような人は「リードユーザー」と呼ばれたりします。

その実戦例・成功例の1つが、カバン大手のエースの「カナナプロジェクト」というカバンのシリーズです。海外旅行用のオシャレなリュックをメインに、色々な商品が展開されています。

エースによれば、

『カナナプロジェクトは、旅の達人・竹内海南江さんとの共

同開発ブランドです。機能的で使い方にこだわったバッグには、世界100ヵ国以上を旅する竹内さんならではのノウハウと、"カナナのバッグと一緒に、毎日のおでかけを楽しんでほしい"という竹内さんの想いが込められています。』

(エースHP　http://www.kananaproject.com/concept/)

とのこと。

竹内海南江さんは、TBS系の人気番組「世界ふしぎ発見！」のミステリーハンターを30年以上務めている人気タレント。ミステリーハンターとして海外旅行経験も豊富で、旅行者としても厳しい目を持っています。

・海外旅行に使うという意味で目が厳しい
・タレントとしてオシャレに気を遣うという意味で目が厳しい

という、まさに海外旅行用カバンのリードユーザー。その竹内さんの声に基づいて開発されているのがカナナプロジェクト。

『竹内海南江さんは、長年リュックを愛用していましたが、その当時のリュックといえば、アウトドアテイストのデザインが一般的。レストランやホテルに持って入れる素敵なリュックがあったら…とずっと考えていた竹内さんの、「大人の女性に似合うエレガントで機能的なリュックを作りたい！」という想いをキッカケに、2006年秋、開発がスタートしました』(エースHP　http://www.kananaproject.com/history/)

その結果、累計販売数150万個突破[1]という大ヒットシリーズになりました。2007年販売開始ですから、毎年約15万個売れて

いる計算です。売り値が大体1～2万円ですから、単純計算で年間約20億円。今やエースの主力製品の1つです（＊1　エースHP http://www.kananaproject.com/history/）。

　その商品開発の様子が日経MJに載っていましたので紹介します。こういう情報は表に出てこないのでありがたいです。

　なお、本書では公開事例を主に取り上げていきます。私がコンサルティングしているお客様ですと、客観性に欠けるからです。日本経済新聞などの信頼できるメディアがきちんと取材して公開されている事例であれば信頼もあり、検証もできます。

　では、カナナプロジェクトがどのように開発されているかというと……

　　『商品企画会議は1～2カ月に1度だが、毎回4～5時間はかける。「チャックはあと1センチメートル広げたほうが使いやすいんじゃない？」「ショルダーの長さを調節するヒモがぶら下がるのって、カッコ悪くない？」──。竹内さんは海外での番組収録時に試作品を必ず使い、帰国後に細かくフィードバックする。「商品の共同企画で、ここまで徹底的に意見を出してくれる人は珍しい」（戸田さん＊2）』
　　（2013/11/22 日経MJ P.6　＊2筆者注　MD統括部の戸田千賀子氏）

　使い勝手やデザインに対して厳しい目を持つ竹内さんが細かいところまで徹底的に意見を出し、それが反映されるわけです。

　カナナプロジェクトは、言わば、顧客ターゲットを竹内海南江

さん「1人」に絞って作られている商品です。

　使いやすさにもデザインにも厳しいリードユーザーの意見を取り入れているわけですから、旅をする女性にはもちろん刺さり、大ヒットしているわけです。

　関心するのは、竹内さんが具体的な要望を出せること。「自分の求めるものを言語化できる」という希有な方なんです。多くの方は「何となく違う」というのはわかっても『チャックはあと1センチメートル広げたほうが使いやすい』という「言語化」はできませんよね。「求めるもの」を明確に言語化できる方は貴重な存在。エースは本当にいい人に巡り会えましたね。

求めるもので「括って広げるセグメンテーション」

　カナナプロジェクトは、顧客ターゲットを竹内海南江さん1人に絞ったことで、多くの人に売れるようになりました。

　カナナプロジェクトが意見を聞くのは、竹内海南江さんです。

　すると、どんな人に売れるカバンができるでしょうか？

　はい、竹内海南江さんと同じようなカバンの選び方をする人です。竹内さんと、カバンに求めるものが同じような人がカナナプロジェクトを買います。

　どんな人に刺さったかというと……

　　『実際には旅行が好きな40代以上の女性らに口コミで広まり、順調に売れ行きが伸びた』(2013/11/22 日経MJ P.6)

　竹内海南江さんは、1964年12月生まれ（Wikipedia）。2018年時点で54才。

　つまり、「同年代で旅行好き」という、竹内さんと「カバンに求めるもの」が同じ人にカナナプロジェクトは刺さったわけです。

　繰り返します。「竹内海南江さんというただ1人を狙って作られたカバン」は、そのただ1人の人と「求めるものが同じ多くの人」に刺さるのです。

　カナナプロジェクトが150万個売れたということは、竹内さんと「求めるものが同じ人」が数十万人はいる、ということです。

　竹内さん1人を顧客ターゲットに絞ったら、「海外旅行によく行く40代以上の女性で、カバンにオシャレさと使いやすさの両方を求める多くの人」に人気を得たのです。

　皮肉なことに、「たくさんの人」を狙って作られた他のカバンよりも、竹内さん1人を狙って作られたカナナプロジェクトの方が売れているわけです。

　「ただ1人」を狙って商品・サービスを鋭く尖らせていくことで、実は顧客ターゲットは「広がる」のです。

　「ただ1人」は誰でも良いわけではありません。「ただ1人」の言うことを聞いてそのまま作ったら、本当に「ただ1人」しかそういう人がおらず、他の誰にも売れなかった、というケースを結構耳にします。

　それは、その「ただ1人」の選び方がまずいわけです。

- 自分の経験などから自分が求めるものを理解しており、それに対して厳しい目を持っている
- 求めるものを他の人にわかるように明確に言語化できる
- 求めるものを同じくする顧客が多数いる

図3：ただ1人を狙い、「括って広げるセグメンテーション」

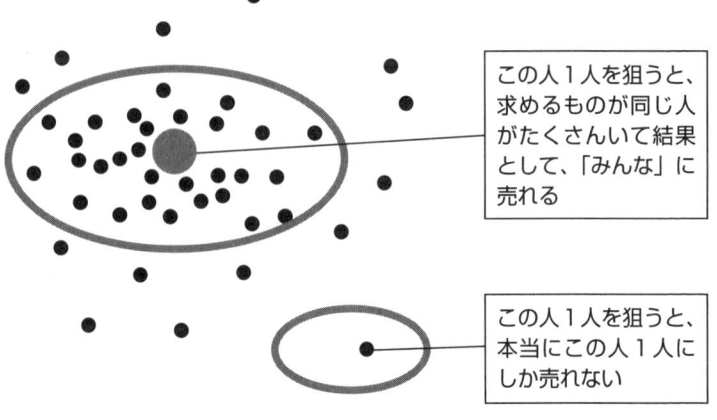

この人1人を狙うと、求めるものが同じ人がたくさんいて結果として、「みんな」に売れる

この人1人を狙うと、本当にこの人1人にしか売れない

という人を探すのです（**図3**）。

平たく言えば、

「その人の言うことを聞けば、みんなに売れる」

という人を狙うのです。

竹内海南江さんはまさにそういう方で、竹内さんの意見を聴いて作れば、それは求めるものを同じくする**多くのお客様に刺さる**わけです。

これを私は「**括って広げるセグメンテーション**」と呼んでいます。カバンに「求めるもの」を具体化してそれで括れば、むしろお客様は広げられ、最終的には「みんな」に買ってもらえるのです。

「みんな」を狙うのではなく、「その人に売れればみんなに売れるようになる、ただ1人」を狙って作ることで「みんな」に売れるのです。

　「みんな」を顧客ターゲットにすると、カナナプロジェクトの
ような尖った強みのある商品・サービスはできません。平均的な
商品・サービスができます。

　ただ1人を狙い、尖った商品・サービスを作ったら、実は「み
んな」が欲しがるものになった、というのはよくあります。カナ
ナプロジェクトはその典型事例です。

　カナナプロジェクトは一見、極端な事例に見えて、実はセオ
リーどおりの手法なのです。

　すると、ある「1人」のお客様の意見と、別の「1人」のお客様
の意見とをどのように区別するのか、という疑問が浮かぶと思い
ます。「誰の意見を聞けばいいのか」ということですね。

　1つは、意見の「量」の問題。2人に聞くと全く違った意見がく
るかもしれません。が、100人に聞けば、意見の「分布」がわか
ります。その「分布」の真ん中にいる方で、かつ「求めるものを
明確に言語化できる」方を選べばいいのです（**図3**）。

　「平均値を取ろう」とは全く言っていません。「分布の真ん中に
いる、ただ1人」の方の意見を聞く、ということです。

　もう1つは、意見の「質」の問題。その人が「どういう背景
で、なぜ」そういう意見を言っているのかを聞くんです。

　「ただ1人の意見を聞いてそのまま作ったら、本当にその人に
しか売れなかった」という場合は、その「どういう背景で、なぜ」
というツッコミが甘いことが多いのです。「どういう背景で、な
ぜ」を確認すると、それが「特殊な意見」なのか、潜在顧客を代
表する「多数意見」なのか、というのが判断しやすくなります。

「求めるものを言語化できる人」を大切にしよう

　カナナプロジェクトのような商品開発は、商品開発プロセスがきちんとしている大企業ほど難しいかもしれません。

　「この人の言うとおりに作れば売れるので、そうしましょう」

　と言っても、社内を通りませんよね……。大企業であるほど、「みんな」の意見を聞いた市場調査資料をつけないと社内を説得できない、ということが多いと思います。そのあたりが、大企業での商品開発の難しさの1つです（その意味では、カナナプロジェクトを実行したエースはさすが、ということでもあります）。

　そのような場合、まずは「自分の求めるものを明確に言語化できる人」を探すのが先決です。

　多くの人は自分の求めるものを「何となく」しかわかっていません。「このカバンが欲しいかどうか」と、実物を提示して聞かれれば答えられます。

　しかし「自分の求めているカバンを形にしてください」と言われても、それは難しいのです。

　自分が買ったお弁当でも飲料でも、「なぜ、今、それを買ったのか？」と訊かれると多くの人は「うーん……そういう気分だったから？」となります。「それどういう気分だったんですか？」と質問を重ねると、黙り込んでしまうことが多いです。

　それでも、経験的に100名中の数名の方は、「今日の朝ご飯は○○だったから、○○な気分になって、そんなときに○○と○○が目に入って、こっちはこうだけど、あっちはああだし、こっちの方が30円安くって、この30円をデザートに使えば○○が買えて、それで……」と自分の意思決定プロセスを明確に言語化できます。

　まずはそのような方を大切にします。そういう方を見つけたら、ぜひつかまえて離さないようにしましょう。そういう方を自社のテスターなりモニターにできたら、それは大変な「独自資源」となります。

　そのような方何人かの意見を聞いた上で、仮説を作り、あとは社内を通すための「量的調査」をすればいいのです。

　要は、「ただ1人」の意見に従いながら、その「ただ1人」の意見に賛同する人が多いことをきちんと量的調査などで証明し、それを掲げて社内を説得するわけです。

　量的調査の結果、それに賛同する潜在顧客が少なかったとなれば、それは本当に「1人しか欲しい人がいない」ということですから、やめればいい話です。

コラム　COLUMN
「自分が欲しいものを作れば売れる」は正しいか？

　顧客ターゲットの設定と関連して、よく言われるのが「自分が欲しいものを作れば売れる」ということです。

　「自分が欲しいものを作れば売れるんだ」というような言説は結構メディアで見ますが、果たしてこれは正しいのでしょうか？

　その答えは、「場合による」となります。

　顧客ターゲットを「自分」に意識的に明示的に設定した上で、「自分が欲しいものは、自分と同じセグメント（それがどういうセグメントかは別にして）には売れる」と考えるのであれば構いません。

　つまり、

　○顧客ターゲットが求めるもの ＝ 自分が欲しいもの

という前提を意識的に（←これがポイントです）置いて商品開発をする場合には、これは「アリ」です。

　よくあるのが、「若い女性向けの商品は、社内の若い女性に作らせよう」というようなものです。

　それで成功しているのが、消臭剤のエステー。「シャルダン　ステキプラス」という芳香剤は『店頭価格が従来品より３割高いのに大ヒットした』（2018/01/10 日本経済新聞 朝刊 P.17）という商品。

　形は、宝石箱のようなキレイな形で、いわゆる「芳香剤」らしくないパッケージです。この開発プロセスが日経MJに載っていましたので引用します。

　　『2014年秋、社内の販売会議で女性チームが声高に主張した。卓上の製品案は既存の商品とはまったく違うものだった。丸みを帯びた容器に王冠をモチーフにしたキャップに西洋風のカギの形をした飾り』

　　『チームは20〜30代の社員４人で全員が女性。14年春、鈴木貴子社長の「最近のエステー製品には女性の視点が欠けている。自分たちが欲しいと思うものを開発してほしい」という鶴の一声でチームが発足した』

　　『「飾りに何の意味があるのか」「よけいな生産コストがかかる」という男性社員らの意見を押し切り、まずは静岡県限定で試験的に販売。想定の倍以上の売れ行きで、15年３月に主力ブランド「消臭力」からの全国発売にこぎつけた。これまで消臭芳香剤を利用していなかった若い女性を中心にヒットし、９月に新ブランド「シャルダン　ステキプラス」として発売した』
　　（2016/06/15 日経MJ P.5）

　ヒット商品の舞台裏がここまで明かされるのは有り難いことです。
鈴木社長は、「若い女性向けの商品は、若い女性に開発させよう」

という明確な意図のもとに『自分たちが欲しいと思うものを開発してほしい』という商品開発をしたわけです。

　男性からは反対意見が出たわけですが、顧客ターゲットはあくまで「若い女性」。であれば、「男性社員が欲しいもの」を作っても意味がありません。

　この場合は、

　○**顧客ターゲットが求めるもの ＝ 自分が欲しいもの**

　という前提を置いて、「自分が欲しいもの」をあえて開発したら成功しました。

　が、これが成功するのは、

　○**顧客ターゲットが求めるもの ＝ 自分が欲しいもの**

　という前提が成立する場合だけです。

　例えば、私は「猫舌」で、熱いモノが苦手ですので、熱いモノはわざわざ冷ましてからいただきます。私が料理人をやって……「オレは熱いモノがキライだから、料理は全部冷ましてから出す。それがお客様のためだ」とやったとしたら……まあつぶれますよね。「顧客が求めるもの＝自分が欲しいもの」が成立しないからです。

　「自分が欲しいもの」が「お客様が欲しいもの」とは限りません。「自分が欲しいものを作れば売れる」は、「顧客ターゲットが求めるもの＝自分が欲しいもの」という限定的な条件下においては正しい、ということです。

　よくメディアで、「作りたいものを作っていれば売れる」という職人さんがいますが、それは偶然、たまたま、幸運なことに「自分が作りたいもの」と「お客様が欲しいもの」が一致しているだけです。「お客様が欲しいもの」が変わると売れなくなります。

　そもそも、メディアに出てくる「作りたいものを作っていれば売れる」という職人さんの背後には、「作りたいものを作っているがゆ

えに全く売れない」という多くの職人さんがいるはずです。珍しいからメディアに出てくるわけです。

　ですから、結論としては、

「顧客ターゲットが求めるものを作れば売れる」

という当たり前のところに落ち着きます。その特例として、たまたま「自分」と「顧客ターゲット」の求めるものが等しい場合にのみ、「自分が欲しいものを作れば売れる」ということです。

　それと近いものでもう1つよく上がるのが

　○顧客ターゲットが求めるもの ≠ 社長が欲しいもの

という問題です。顧客ターゲット向けに作ったものに対して、社長が「オレはそんなものいらない」というような否定をする場合です。お客様と直接に触れていない開発部門がそのようなことを言う場合もあります。

　これはどうしても起こりうる問題ですが、これに対する解決策は、顧客の意見、調査結果などを地道に示しながら説得するしかないでしょうね。私の経験から効果的だと思うのは、「オレは欲しくない」「そんなもの売れない」という社長や開発部門の方に、直接お客様と会って話を聞いてもらう、という方法です。

　お客様が欲しい、と言っている姿を社長や開発部門に直接（←ここ大事です）見せると、それはかなりの衝撃として伝わることが多いように思います。

3 使い方・TPOをとらえた 商品開発をしよう

価値は使い方に現れる

　前項で、「お客様の立場に立つ」ための1つめの方法として、顧客ターゲットを明確化・具体化する方法について見てきました。

　「お客様の立場に立つ」ための2つめの方法は、自社商品・サービスをお客様がどう使うか、という「使い方」を知る・考えることです。

　ここで、序章の**「価値は使い方に現れる」**を思い出していただけますか。これは本書のキーワードです。お客様が商品・サービスを「使う」ときに価値が実現されます。

　幽体離脱してお客様のアタマの中に入り込むことはできなくても、お客様の利用場面を観察することはできます。

　お客様が使っているところを具体的に想定することで、お客様の求めるものが見やすくなり、お客様の立場に立つことがやりやすくなるのです。

　カバンの価値も、使い方に現れます。あなたがお持ちのカバンを思い出してください。通勤用、カジュアル用、短期出張用、長期旅行用、と、カバンの「使い方」次第で選ばれるカバンが違いますよね？

　カバンに何を求めるか、は「使い方」によって変わるのです。はい、当たり前のことです。当たり前のことをきちんとやろう、ということです。カバンの商品開発をするときには、「カバン」についてではなく「カバンの使い方」をまず考えるのです。

価値＝うれしさ＝使い方＝TPO

　価値は使い方に現れます。その「使い方」を因数分解すると、TPOになります。あのTPOです。

Time（時間）	季節、平日・休日、朝昼夜
Place（場所）	屋内・屋外、屋内でもどの部屋か、屋外でもどこか
Occasion（加工方法・状況）	加工方法・一緒に使われるもの

　カバンで考えてみましょう。

　T（時間）とP（場所）では、平日（T）に会社（P）に行くときと、休日（T）に繁華街（P）に行くときでは選ぶカバンが違います。平日に会社にいくときには、それにふさわしい（まさにTPOに合った）地味な色のカバンを選びます。職場にもよるでしょうが、職場にショッキングピンクのカバンを持って行くのははばかられますね。

　仕事カバンでも、行く場所（「内勤」か「外勤」か）次第で、選ぶものが違うかもしれません。お客様のところに行く営業パーソンは、軽量で持ちやすく、無難なデザインのものを選ぶでしょう。

　そして、O（加工方法・状況）について、カバンの場合は2つあります。まず、「入れるもの」によって選ぶカバンが変わります。長期出張ですと、「入れるもの」が多くなるのでカバンが大きくなります。私はノートパソコンを持ち運びますので、ノートパソコンを守るためのクッションが入っているカバンを選びます。「入れるもの」によって選ぶカバンが変わるのです。

　O（加工方法・状況）の2つめは、「服装」です。カバンは服装に合わせるものです。逆ではありません。服装をカバンに合わせ

るのではなく、カバンを服装に合わせるんです。ですから、服装によって選ぶカバンが違います。特に色やデザインは着ている服の色・デザインの大きな影響を受けるでしょう。

まとめますと、カバンの場合は、

Ｔ・Ｐ：いつ、どこに持って行くか

Ｏ：何を入れるか・何を着ているか

で、カバンに求めるものが決まるのです。

お客様がカバンに求めるものを知る方法は単純です。お客様が着ている服を見たり、カバンの中に入っているものを見せてもらえばいいのです。

価値は使い方に現れます。使うときがうれしいとき、です。そして使い方を分解するとTPOになります。

すると、

○価値＝うれしさ＝使い方＝TPO

ということになるのです。

TPOは1通りとは限りません。例えば、メークアップ化粧品などですと、使い方・TPOは2通りあります。1つはまず化粧品を「つける」とき。実際に塗ったりするときには「使いやすさ」が重要です。もう1つは「誰かに見せる」とき。このときには「見せる相手」が重要です。職場でのメークと、つきあっている相手と遊びに行くときのメークとでは違いますよね（まさにTPOが違います）。化粧品や美容院などの場合、「うれしいとき」は「見せ

る相手」に褒められたとき。そしてどんな人に褒められたいかによって、求めるものが変わります。どのTPOを狙っていくかも、商品開発において重要な意思決定です。

4 | 人×使い方・TPO でお客様が求めるものを考えよう

第1章のここまでをまとめますと、

①人によって求めるものが違う
②使い方・TPOによって求めるものが違う

ということです。

①どんな人が　×　②どんな使い方をするか、すなわち「人×使い方・TPO」を考えることで、お客様が求めるものをより具体的に知る・考えることができるようになるのです。

お客様の立場に立つための方法論が、
①顧客像を具体化すること
②「使い方」を考えること
の2つでした。

さらにそれをまとめますと、お客様が欲しいと思う商品・サービスを考えるためには、

「人（顧客ターゲット）×使い方・TPO」

を知る・考えるとやりやすくなるということになります。

「人×使い方・TPO」を具体化した「細く鋭い矢」を放とう

　「人（顧客ターゲット）×使い方・TPO」にぴったり合った商品・サービスは、「細く鋭い矢」となってお客様に刺さります。カナナプロジェクトはその典型的な事例です。

　カバンの例で続けましょう。最近のヒット商品を1つご紹介します。

　　『三陽商会の女性ブランド「マッキントッシュ　フィロソ
　　フィー」が2016年7月から販売する「スマホポシェット」
　　が売れている。スマートフォン（スマホ）ケースと財布が一
　　体となった斜めがけできるポシェットで、これ1つで出掛け
　　られる便利さから主婦や会社員ら幅広い層に支持されてい
　　る』『「ランチタイムに財布とスマホを別々に持たないのでス
　　トレスフリー」「旅行の時にも便利」といった声があがる』
　　『7〜10月の売り上げは前年同期比8割増えた』
　　(2017/11/15 日経 MJ P.9)

　デザインは、肩から腰へとナナメにかけるオシャレなポシェットです。

　会社員の方がランチに外出するときは、財布とスマホだけあればいいわけで、そのTPOに特化したバッグが人気になっているのです。

　持ち物が財布だけなら、財布だけ持って出ればいいかもしれません。が、スマホも持って行く、さらに最近はスマホを2台（会社用と個人用）持つ方も多いですが、そうなると、忘れ物の確率がグッと上がりそうです。ですから、このようなスマホポシェッ

トが人気となるのでしょう。

スマホポシェットの事例で学ぶべきは、「何でも入る」ことが重要なのではなく、財布とスマホしか入らないからこそ、人気になっている、ということです。

「財布もスマホもA4の書類も入るカバン」ではなく、「財布とスマホだけ入る小型のポシェット」がいいわけです。なぜかというと、「ランチに出かける」というTPOで使うからです。そのときに、A4の書類が入るバッグは大げさで、ジャマになるのです。「大は小を兼ねない」のです。

このスマホポシェットは、「人×使い方・TPO」が非常に明確な商品です。

- 人（顧客ターゲット）：都市部で働く（おそらくは20～30代の）
  有職女性
- 使い方・TPO：昼休みに昼食をとりに、財布とスマホだけ
  持って外出するとき

ここに絞っているからこそ、この顧客ターゲットのこの使い方に刺さるわけです。

繰り返しますが、スマホや財布は他のカバンで「も」入ります。

が、スマホと財布「しか」入らないカバンの方が、このような使い方・TPOにおいては便利なのです。

そもそも、普通のカバンは、みんなもう既に持っていますから、同じモノを出しても売れません。

スマホの普及という変化で、お客様の持ち物（＝TPOのO）が変化しました。使い方・TPOの変化をうまく捉え、カバンの「新

しい使い方＝新しいうれしさ」を創り出した良い事例ですね。

　序章で紹介した熱さまシートも

- **人（顧客ターゲット）：小さな子供を持つ親**
- **使い方・TPO：子供が熱を出したときにおでこに貼って**
　　　　　　　　看病する

と、「人×使い方・TPO」を具体化した、細く鋭い矢となって
お客様に刺さりました。
　フリクションボールも

- **人（顧客ターゲット）：紙のスケジュール帳を使う**
　　　　　　　　　　　ビジネスパーソン
- **使い方・TPO：スケジュール帳に書いた予定を消して**
　　　　　　　　新しい予定を書き込む

と、「人×使い方・TPO」が具体的ですね。

- 人（顧客ターゲット）：どんな人が
- 使い方・TPO：どのように使うとうれしくなるか

という、具体的な使い方を打ち出すと、顧客ターゲットに
「あ、自分のための商品・サービスだ」と思ってもらえる、すな
わち自分ごととなって「刺さる」のです。

BtoBでも、「人×使い方・TPO」で考えよう

　「人×使い方・TPO」の考え方は、BtoB（法人顧客対象のビジネス）でも同じです。

　建設現場で使われる「足場」の高さが、従来よりも高い商品がヒットしているのです。

　『「かがんで仕事をするなんて考えられないでしょ」。190センチの足場「Iqシステム」を製造販売するエスアールジータカミヤの高宮一雅社長は話す。主流の170センチは1960年代に生まれたという。「当時の成人の平均身長は160センチ強。地下足袋でヘルメットもかぶらない」。82年には17歳男性の平均身長が170センチを超える』

　『昨年12月。NIPPO新本社ビル新築工事作業所（東京・中央）で、迎えてくれたのは中山裕之所長だ。身長は175センチ。「頭をぶつけて歩いていたし、首や腰に負担を抱える人も多かったのに、当たり前だと思っていた。作業効率が上がっている」と190センチの足場の使い心地を話す。現在Iqシステムの販売は200社を超え、16年度の売り上げは前年度比約9割増えた』（2018/01/17 日経MJ P.1）

　建設現場の「足場」も、まさに「人×使い方・TPO」が変わったのです。

・人の変化：平均身長が約10cm伸びた
・使い方・TPOの変化：地下足袋→靴底が高い安全靴、

ヘルメットの着用

　昔は170cmで良かった足場が、それでは低くなり、今ではかがんで作業をするようになったわけです。

　記事にもあるように、体にも悪いですし、作業効率も下がる、ということですね。

　この問題はずっと前から起きていたはずですが、この商品が出たのは最近の2013年。

　「価値は使い方に現れる」こと、そしてそれは意外に盲点になっているということは、BtoB（法人顧客対象のビジネス）でも同じなんです。

「人×使い方・TPO」の分だけ、商品開発の余地がある

　「人×使い方・TPO」で求めるものが変わる、ということをこまで見てきました。

　ということは、「人×使い方・TPO」の組み合わせの分だけ、求めるものの違いがあり、その分だけ商品開発の余地がある、ということになります。

　序章で紹介した、刃先がカーブしているハサミ、フィットカットカーブの事例に戻ります。

　「文具」として、厚紙などを切るハサミとしてフィットカットカーブが開発されたのが2012年です。

　そして2014年、フィットカットカーブは「キッチン」へと進出しました。キッチン向けのハサミ、「フィットカットカーブ　洗えるチタン」の登場です。

『一方、はさみでキッチン市場を切り開いたのはプラス。きっかけは14年、刃に丸みをつけることで常に約30度の最適な刃の角度で切れる「フィットカットカーブ」から、素材や刃の形状をキッチン向けに改良した「同　洗えるチタン」（税別900円）を発売したことだ。発売当初は文具店を中心とした展開だったが、昆布や肉など滑りやすく切りにくい食材も切れると話題に。丸洗いできる便利さも評判を呼び、全国の百貨店、スーパーの台所用品売り場でも扱われるようになった』（2016/07/04 日経MJ P.5）

「洗えるチタン」のTPOは、以下のようになるでしょう。

T　（時間）：料理をするとき
P　（場所）：家庭のキッチンで
O　（加工方法・状況）：昆布や肉などの食材を切る

なぜ「洗えるチタン」かというと、料理用だから清潔に保つ必要があるからです。同じハサミでも、使う場所が「キッチン」になると、ハサミに求めるものが変わるのです。
そして……きちんとプラスはその事実を調査して把握しています。プラスの調査によると、ハサミを使った後にお客様は

・洗剤で洗う　46%
・水で流す　24%
・拭き取る　20%

など、96%のお客様が何らかの形で洗っています（プラスHP https://www.plus.co.jp/news/201410/001034.html）。

　キッチンでのハサミの使い方を調べた上で、それにあった「洗えるチタン」という商品に仕立て上げました。キッチンを狙った「細く鋭い矢」のような商品が「洗えるチタン」です。

　使い方・TPOが変われば、お客様が求めるものが変わります。

　そして……その分、商品開発の余地が生まれるのです。

　私も「洗えるチタン」を使っているのですが、切りやすくて重宝しています。刃にギザギザがついていて、よく「噛む」ように工夫されています。本当に刃先まできちんと切れます。

　この「洗えるチタン」は、先ほどの記事のとおり、文具メーカーのプラスがキッチン市場を開拓するための先兵となりました。チャネルをスーパーへと広げることができたのです。

- TPO：オフィスで厚紙を切る　→　文具店
- TPO：キッチンで食材を切る　→　スーパー

　さらに……2015年に携帯用の「フィットカットカーブ ツイッギー」を出しました。

　『全長135mm、直径12mmの小枝のようなスリムボディで、ペンケースや化粧ポーチにもすっきり収まります』『根元から刃先までサクサク切れるベルヌーイカーブ刃を採用し、切りにくいほつれ糸から、菓子袋、服のタグ、封筒、クーポン券などにも快適な切れ味を発揮』（プラスHP https://www.plus.co.jp/news/201510/001235.html）

　と、外出先で服のほつれ糸を切ったり、という「使い方」を想

定しています。私も使っていますが、小型ながらよく切れます。

　フィットカットカーブの商品ラインは、TPOにきっちり合わせて作られていることがわかります。

　そして……その分だけ、フィットカットカーブが使われる場面が増えます。その分だけフィットカットカーブが売れる、ということです。同じ人にでも、です。

　同じ人でも、オフィスの机の上には厚紙を切るためのフィットカットカーブがあり、キッチンには食材を切るための「フィットカットカーブ　洗えるチタン」があり、そしてカバンの中には、携帯用があってよいわけです。

　なぜかというと、それぞれ使い方・TPOが異なるからです。使い方・TPOが変われば、それぞれの利用場面に応じて求めるものが変わり、「違うハサミ」が必要になるわけです。

　普通のハサミだと、1人1本です。が、使い方・TPOを絞ってそこに特化した商品を提案することで、1人で文具用、キッチン用、携帯用、と何本も買っていただける可能性が生まれるのです。

　フィットカットカーブのこのような展開は、使い方・TPOを絞っているからこそ、です。「万能のハサミ」では、このような展開が難しいことはおわかりいただけるでしょう。

　そして……フィットカットカーブは「人」を具体化・特定した「矢」も放っています。

　それは、2014年に発売した子供用のハサミ、「フィットカットカーブ ジュニア」。

　子供という「顧客ターゲット」に向けた、色々な工夫があります。プラスのニュースリリース（https://www.plus.co.jp/news/

201312/000994.html）から抜粋します。まず、大きさは子供向けにサイズが小さくなっていますし、持つ部分は親指を入れる側は小さく、他の指を入れる側は大きくなっている、子供向けハサミとしては定番の形です。それから安全性のためにハサミにかぶせるキャップがついています。

なるほど、と思ったのは「なまえシール」と「ネームタグ」がついていること。幼稚園・学校に持って行くときに、誰のものだかわかる工夫です。そう言えば、私の娘（4才）も、幼稚園に持って行く持ち物にはネームタグをつけています。

このように、一見「万人向け」商品である「ハサミ」も、「人×使い方・TPO」の分だけ、商品開発の余地があるわけです。

大人用には色々なTPOで、子供向けには子供向けの様々な工夫をこらし、それぞれの「人×使い方・TPO」に刺さるようになっているわけです。すると……一家に1つのハサミが、一家にいくつもある、ということになるのです。

「ニッチ」を狙うのではなく「細く鋭い矢」を放つ

フィットカットカーブは、「人×使い方・TPO」でそれぞれにあった商品を出しています（**図4**、88ページ）。

使い方・TPOを絞ることで、「細く鋭い矢」としてお客様の使い方・TPOに刺さるわけです。

ニッチ市場を狙おうとか、市場を狭くしようと必ずしも言っているわけではありません（そうしてもいいですが、そうすべきだとは言っていません）。

フィットカットカーブの使い方・TPOである、

87

図4：フィットカットカーブの人×使い方・TPO

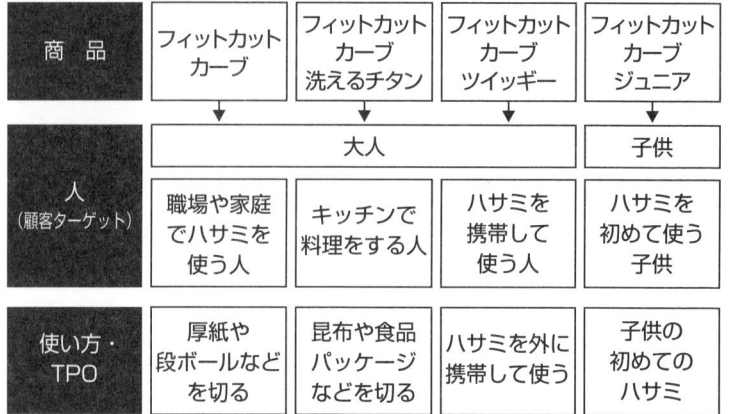

商品	フィットカットカーブ	フィットカットカーブ 洗えるチタン	フィットカットカーブ ツイッギー	フィットカットカーブ ジュニア
人 （顧客ターゲット）	大人			子供
	職場や家庭でハサミを使う人	キッチンで料理をする人	ハサミを携帯して使う人	ハサミを初めて使う子供
使い方・TPO	厚紙や段ボールなどを切る	昆布や食品パッケージなどを切る	ハサミを外に携帯して使う	子供の初めてのハサミ

人（顧客ターゲット）× 使い方・TPO で分けて、
それぞれに特化した商品を出すことで刺さっている

©Yoshinori Sato

- オフィスで厚紙を切る
- キッチンで食材を切る

というのは、それぞれハサミの主流の（＝市場規模が大きい）使い方です。主流の使い方だったとしても、使い方・TPOを分けた上でそこに特化した「細く鋭い矢」を放とう、ということです。

　子供に使ってもらうには、子供に向けた「細く鋭い矢」が必要です。子供用の市場がニッチで小さすぎると判断すれば、そこは諦める、という決断になります。

　個人的には、子供用は毎年確実な需要が生まれるそれなりに安定した市場だと思います。少子化の時代とはいえ、子供は毎年確実に生まれてくるからです。

顧客ターゲットか使い方・TPOのどちらかは必ず絞ろう

　商品開発で必ず出てくるのが、「万人向け」の商品の方が「万人」に売れるのではないか、という質問です。

　まず、「万人向け」は物理的に不可能です。私（50代男性）と私の娘（4才）では、カバンに求めるものが全く違います。ハサミに求めるものも違います。

　ですから、フィットカットカーブは「フィットカットカーブジュニア」で子供に対応しているわけです。

　例えば「熱さまシート」。子供が熱を出したときにおでこに貼るものですので、シートのサイズはそれに合わせたものになっています。これを「万人用」にした場合、サイズはどうします？「万人向け」のサイズなどはありませんから、悪い意味で「適当に」作るか、暗黙のうちに（＝何となく）誰かを想定して作ることになります。具体的な「顧客ターゲット」や「使い方・TPO」を考えなければ、シートのサイズすら決められないのです。

　結論は、「顧客ターゲット」か「使い方・TPO」の少なくともどちらかは絞らないと、刺さる商品・サービスは作れない、となります。

　これまで紹介してきた商品・サービスを場合分けしてみましょう。

①顧客ターゲットと使い方・TPOを共に絞る

　顧客ターゲット、使い方・TPO、共に絞っているのが熱さまシートです。

- 人（顧客ターゲット）：小さな子供を持つ親

・使い方・TPO：子供が熱を出したときにおでこに貼って
　　　　　　　看病する

ここにピンポイントに刺さっている人気商品です。

②顧客ターゲットは広めに取り、使い方・TPOを絞る

　フィットカットカーブは、ハサミという日用品ということもあり、比較的顧客ターゲットは広めにとっています。が、その分TPOを絞っています。個別のTPOに向けてそれぞれに合った商品を出していることは、先ほどの図4（88ページ）で見てきたとおりです。

　フリクションボールも、ターゲットは比較的広そうですが、やはり使い方・TPOはかなり絞っています。

・人（顧客ターゲット）：紙のスケジュール帳を使う
　　　　　　　　　　　ビジネスパーソン
・使い方・TPO：スケジュール帳に書いた予定を消して
　　　　　　　　新しい予定を書き込む

③顧客ターゲットを絞り、使い方・TPOを広めに取る

　カナナプロジェクトは、顧客ターゲットは「竹内海南江さん」に絞った上で、TPOは結構広くとっています。もともと海外旅行向けで始まりましたが、最近は通勤用や「ちょっとしたお呼ばれ」などにも広げています。

　3つの組み合わせ全てにおいて、顧客ターゲット、使い方・

TPO、の少なくとも片方は絞っていることがわかります。

　お客様は、自分の欲しいものが欲しいのです。さらに言えば、自分の「ある使い方・TPO」に合ったものが欲しいのです。それに応えるほどに、お客様の求めるものに合います。

　また、顧客ターゲットにしても、使い方・TPOにしても、広げるほどに「競合」も増えます。

　多くの商品カテゴリーで競合が激しいにもかかわらず、さらに競合を増やす、というのは自分のクビを締めることになります。

　フリクションボール、フィットカットカーブ、共に顧客ターゲットを割と広めに取れているのは、それぞれ「全てのボールペン」に対しての強み（消せる）、「すべてのハサミ」に対しての強み（切りにくいものでも軽い力で切れる）があるからです。

　そうでない場合、つまり「強み」がある特定の競合に対してのものである場合には、「競合」を絞ることになりますから、必然的に「顧客ターゲット」も絞られることになります。

　この議論は、第2章でしていきます。

5 | 新しい使い方・TPOを提案して 潜在需要を喚起しよう

使い方・TPOを考えると潜在需要が喚起できる

　新しい使い方・TPOを考える・作ることで、「潜在需要」が喚起できます。

　既存の商品・サービスの改善というとき、「性能が少し上がった」「価格を少し下げた」といった「新商品・サービス」となる

ケースをよく見ます。

　例えば、髪の毛を乾かすドライヤー。1200Wを1300Wにして「さらに強力になりました！」と言っても、あまり価値は上がらないように思います。むしろ、ブレーカーが落ちる可能性が高まることで、価値が下がるかもしれません。

　「お客様にとって無価値な性能競争」は、それこそ無価値です。これでは「潜在需要」は喚起できません。

　飽和したように見える市場でも、新しい「使い方・TPO」を提案すれば、需要を喚起する余地があるかもしれません。

　それを実践したのが、アイリスオーヤマの「ハンズフリードライヤー」。アイリスオーヤマはもともと園芸用のプランターなどのプラスチック用品などを作っていましたが、家電に参入して存在感を放っています。

　従来のドライヤーは、片手で持って使いますから、空いているのは片手だけです。

　アイリスオーヤマが投入した「ハンズフリードライヤー」にはスタンドがついており、テーブルなどに置けます。手で持たないので、ドライヤーを使っているときに両手が使えるのです。

　両手が空けば、「ながら」で色々なことができますし、今までと違う使い方もできます。アイリスオーヤマが訴求している「使い方・TPO」は

- 「スマホを操作しながら」
- 「両手が使えるのでタオルドライしながらペットを乾かすことも可能」
- 「優しい風でネイルを乾かすことも可能」

などです。(＊アイリスオーヤマHP　https://www.irisohyama.co.jp/
products/appliance/other/hdr-s1.html)

　言われてみれば「なるほど」ではありませんか？　まさにコロ
ンブスの卵です。

　ネイルを乾かすなどは、通常のドライヤーでもできるかもしれ
ませんが、片手ずつになってしまいます。ハンズフリードライ
ヤーを使えば、乾く時間が1/2になります。

　私は、子供の髪を乾かすのにいいな、と思いました。私の娘(4
才)がお風呂から上がると髪をドライヤーで乾かします(そうし
ないと湯冷めして風邪をひくからです)。そのときに、片手がふ
さがっているとやんちゃな娘が逃げてしまいます。両手が使えれ
ば、娘をしっかりつかまえておけますし、娘を着替えさせながら
髪の毛を乾かすこともできますね。

　「使い方・TPO」がよく考えられた商品だと思います。

　ドライヤーは一家に1台あるでしょうが、このハンズフリード
ライヤーなら「もう1台」需要を喚起できそうです。

　　『家具や日用品が主力だったアイリスオーヤマは2009年に
　　家電に参入。今では売上高の5割を家電が占める』
　　(2018/02/27 日本経済新聞 朝刊 P.1)

　とのこと。ドライヤーは昔からあった製品です。家電専業メー
カーではなかったからこそ、このような「使い方・TPO」を考え
た斬新な発想ができるのかもしれません。

　家電業界は「機能・性能の向上」競争に明け暮れるより「使い

方・TPOの提案」競争をできる会社が勝っていくと私は予想しています。理由は単純で、その方がお客様に刺さるからです。

課題の「頻度」と「重要性」：両方とも高い人×TPOを狙おう

新しい「使い方・TPO」で潜在需要を喚起する場合、刺さりやすい使い方・TPOと刺さりにくい使い方・TPOがあります。

どんな「使い方・TPO」を選べばお客様に刺さりやすいか、を考えてみましょう。

序章で見てきたように、「価値」「うれしさ」は「課題解決」です。お客様がなんらかの「課題」を解決したときに、お客様はうれしさを感じます。

フィットカットカーブの場合、「普通のハサミだと厚紙や段ボールが切りにくい」というのが「課題」。フィットカットカーブは「厚紙や段ボールなどの切りにくいものが切りやすい」のですから、その「課題」を解決することになります。するとお客様は「うれしい」わけです。

となると、「どんな使い方・TPO」を選べばよいのか、というのは、お客様が解決したい「どんな課題」を選べばよいのか、と同じ意味になります。

「課題」には「頻度」と「重要性」という2つの側面があります。

・頻度：その課題がどれくらい頻繁に起きるか
・重要性：その課題が解決されないとどれくらい困るか

この2つともに大きい「課題」（＝使い方・TPO）を選ぶと、お

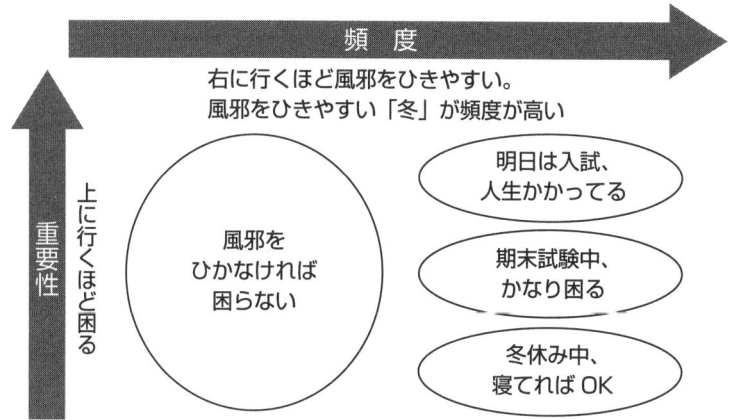

図5：風邪を治すという課題の頻度と重要性

©Yoshinori Sato

客様に刺さりやすくなります。

　風邪薬、健康食品、などの健康関係の商品を例に取るとわかり やすいと思います。「風邪を治したい」という課題について考え てみましょう。

　「風邪を治す」ための解決手段としての風邪薬が「どれくらい 欲しいか」というTPOを分析してみます。欲しいほどに風邪薬 が売れやすくなります。

　図5をご覧ください。
- ヨコ軸が「頻度」：風邪をどれくらい頻繁にひくかどうか
- タテ軸が「重要性」：風邪が治らないとどれくらい困るか

　ここでは、顧客ターゲットを仮に高校生としておきます。

同じ高校生で、同じ「風邪」でも、TPOによってかなり違うことがわかります。

　ヨコ軸は風邪をひく「頻度」です。そもそも風邪をひかないのであれば、風邪薬は不要。一般論として、冬に風邪をひく頻度が高くなりますから、「冬のイベント」（入試など）をTPOとして選ぶと「頻度」が高くなります。

　タテ軸は、風邪をひいて困るかどうか。例えば冬休み中で寝ていればいい、というときは風邪がひどくてもそれほど困りません。しかし、「明日は入試」というTPOであれば、それはものすごく困る、すなわち「重要性」が高いのです。高校1・2年生でも「期末テスト中」が「重要性」が高いときでしょうね。

　「入試」という、風邪をひきやすい（＝頻度が高い）冬の時期の、人生を左右しかねない（＝重要性が高い）TPOは、お客様はその解決手段（風邪薬）が是が非でも欲しくなるのです。それが**図5**（95ページ）の右上の場所です。

　つまり、「頻度」と「重要性」が共に高くなる使い方・TPOをうまく見つけられれば、そこには大きな潜在需要があるかもしれないのです。

　まさにそれを成功させたのが、カー用品のオートバックスセブンの「ペダルの見張り番」という商品です（**図6**）。

　この商品を車に取り付けると、アクセルとブレーキを踏み間違えて急発進する、という事故を防げるという優れモノ。

　『発進時などにブレーキとアクセルを踏み間違え、アクセルを強く踏み込んでも車が急発進しません』（オートバックスセブンHP　https://www.autobacs.com/static_html/spg/pedal_

図6：ペダルの見張り番

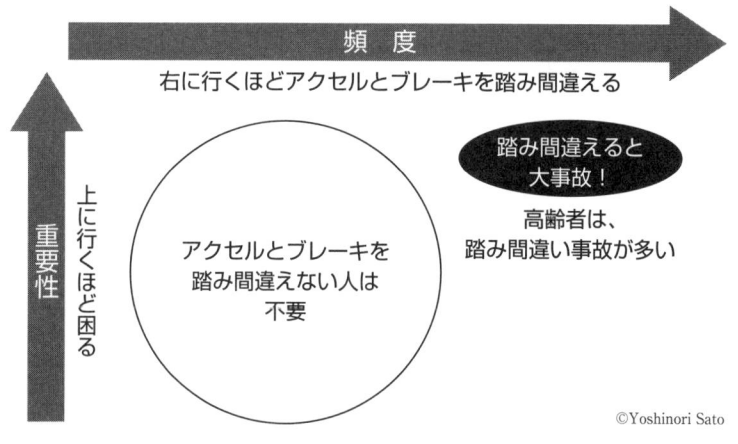

©Yoshinori Sato

mihariban/top.html）

　とのこと。詳細は割愛しますが、アクセルを急激に踏み込むという操作をしたときに、それを制御したりする商品です。

　この商品は、高齢者を中心に、人気商品になりました。
　なぜ高齢者かというと……アクセルとブレーキを踏み間違えない人は不要だからです。踏み間違えやすい（という自覚のある）人が「頻度の高い」人です。

　『ペダル踏み間違い事故は75歳以上の高齢運転者で高く、他の年齢層の2〜5倍の割合となっている』（ITARDA INFORMATION　交通事故分析レポート No.107 公益財団法人交通事故総合分析センター　https://www.itarda.or.jp/itardainfomation/info107.

pdf）というデータもあります。

そして、「重要性」はもちろん高いです。アクセルとブレーキを踏み間違えると、大事故につながります。

> 『アクセルとブレーキのペダルの踏み間違いによるクルマの事故が相次いでいる。カー用品店大手のオートバックスセブンが2016年12月に発売した急発進防止装置「ペダルの見張り番」は高齢の親を持つ消費者を中心に支持が拡大。年間1000個という販売目標を発売からわずか1週間で達成した』『好調な売れ行きは続いており、累計の販売は3500個を超えた。購入者の8割は60歳代以上となり、家族に連れられて来店する例が多いという』（2017/08/04 日経MJ P.5）

高齢者本人もそうですが、その「家族」の需要を喚起したのですね。

「ペダルの見張り番」は、「頻度」と「重要性」が共に高い「高齢者のブレーキとアクセルの踏み間違い」というピンポイントな人×TPOに向けて放たれた「細く鋭い矢」のような商品だからこそヒットしたわけです。

そして解決した課題は「未解決の課題」でした。直接の競合商品が存在しない未解決の課題を解決した商品でしたから、売れたのもよくわかります。この商品を知ったとき、私も「なるほど！」と感心しました。

サービス業からは、「陣痛タクシー」という事例を紹介します。

　日本交通が2012年に始めた、陣痛が始まった妊婦さんをタクシーで病院まで送るサービスです。

　事前に住所や病院を登録し、陣痛が始まったら専用番号にかけると、ドライバーが迎えにきて病院まで送るというサービスです。

　「重要性」は言うまでもなく極めて高いです。陣痛というTPOでは、タクシーの待ち時間は1分1秒でも短い方がよいですし、運転手への病院への道案内も辛いです。

　このTPOにドンピシャであったサービスですから、すぐに人気になりました。

　　『2012年のサービススタート以降、累計で10万件以上のご
　　登録をいただいています。現在は毎月東京都内の妊婦さんの
　　約30%からご登録いただいており、多くの妊婦さんから支
　　持をいただいています』（日本交通HP　https://www.nihon-kotsu.
　　co.jp/taxi/use/jintsu.html）

　ただ、「頻度」が低く、陣痛で病院に行くのは少ないと人生で1回、多くても数回。

　日本交通の狙いは、「その後」の需要をつかむこと。

　　『陣痛タクシーとしての利用が終わっても一度、登録した情
　　報は残すことができる。優先配車にはならないが、電話した
　　際にオペレーターは「○○様ですね」といったようなきめ細
　　かい接客サービスが可能になる』『日本交通は妊婦を積極的
　　に受け入れることで、その後もリピーターとしての獲得に成
　　功。出産後の退院時や子供の検診、里帰りなどで日本交通を

頼むケースが増えている。』(2013/11/29 日経MJ P.9)

陣痛サービスの狙いは、日本交通の顧客データベースの充実化、そしてリピーター獲得です。

「陣痛」という「重要性」が高いTPOを狙ってお客様を獲得し、その後も使い続けていただくことで「頻度」を高める、という方法で「頻度」をカバーしている、うまい戦略ですね。

これらの事例からわかるとおり、課題の「強度」と「重要性」の2つの軸で考えていくと、刺さる使い方・TPOが選びやすいことがわかります。

6 お客様の使い方を調べよう

自社の前提を疑って、使い方をきちんと調べよう

具体的な使い方・TPOをとらえた新商品・サービスは刺さりやすい、ということをこれまで見てきました。刺さる新商品・サービスのカギは、使い方にあるのです。

ではどうすればその使い方・TPOがわかるのか、ということになります。ここからは、使い方・TPOの調査方法について紹介していきます。

「はじめに」、でフィットカットカーブはハサミの使い方について消費者調査をかけたことをご紹介しました。お客様がハサミで「切る物」を調べたら、薄い紙ではなく厚紙を切っていたわけです。

「ハサミで何を切るか」というのはすさまじい「そもそも論」です。「薄い紙を切っている」というのが各社の常識だったよう

ですが、確認してみたら、その常識は誤っていたわけです。

　「使い方・TPO」を確認してヒット商品につなげた事例をもう1つ紹介します。フランスベッドの「スリープバンテージ」というJ型の枕です。これは、横向きで寝るための枕です。Jをひっくり返し、曲線の頂点のところにアタマを置いて使います。

　この横向き用枕というユニークな着想は、お客様に「寝方」を聞いたところからです。

　　『フランスベッド（東京・新宿）が昨年10月に発売した「スリープバンテージ（税別3980円）が好調だ』『商品を企画したのはインテリア営業企画部の山口裕弘さん（60）。きっかけは10万人以上を対象に実施した眠りに関する調査だった。普段から4割近くが横向きで寝ていると分かったのだ』『世の枕のほとんどはあおむけ用。寝装品一筋35年のベテランは「こんなに需要があるのに横向き用の枕がないことに疑問が生じた」と話す』（2015/03/27 日経MJ P.13）

　結果として、『3年で25万個を販売した』（2018/01/19 日経産業新聞 P.11）というヒットになりました。

　ほとんどのまくらは、あおむけで寝る前提で作られていたわけですが、その前提を疑ってお客様に確認してみたところ、4割近くの人は横向きで寝ていることがわかりました。

　横向きというまくらの「使い方・TPO」に特化した（といっても市場の4割はあります）まくらを開発したら大ヒット。

　「○○に決まってる」という固定観念に捉われていると、そこから先に進みません。また、時間が経てばお客様の使い方も変わ

ります。

　定期的に行っている顧客調査などに「使い方・TPO」について
尋ねる質問を1つ加えるのはそれほどコストアップにもならない
でしょうから、やってみるとよいと思います。

　大がかりな「市場調査」をしなくても、お客様の「使い方」は
私たちの周りにあふれています。

　序章で取り上げた「熱さまシート」のヒントは日常生活にあり
ました。

　　『熱さまシートの発売は1994年。当初は発熱時に子供のおで
　　こを冷やす用途を想定した。就寝中の子供は寝返りを打つこ
　　とも多く、ぬれタオルでは、ずれ落ちてしまうことにヒント
　　を得たという』(2013/05/27 日経MJ P.10)

　子供が寝返りをうつとタオルがずれる、という当たり前のシー
ンを見たところから発想したわけです。

　BtoB（法人顧客対象のビジネス）でも同じです。本章の82
ページで紹介した建設現場で使われる190cmの足場「Iqシステ
ム」も、作業者がアタマをぶつけていた現場を見ていたからこそ
の発想です。

　「熱さまシート」と足場「Iqシステム」は、使い方を「調べる」
というよりは「いつも見ていたことの意味に気づいた」と言った
方がいいですね。毎日の生活が「使い方の宝庫」であることがよ
くわかる事例です。

お客様の使い方・TPOを観察してみよう

　特に潜在需要を探るときにお勧めなのが、お客様の使い方を「観察する」という方法です。というのも、潜在需要は意識していないことですので（だから「潜在」なのです）、「何が欲しいですか」と尋ねられても答えられないからです。

　使い方を「観察」して潜在需要を探るところから生まれたヒット商品をご紹介します。

　昭和産業が2014年に発売した「おいしく焼ける魔法のお好み焼粉」、家庭用のお好み焼き粉です。

　　『昭和産業が2014年9月に発売した「おいしく焼ける魔法のお好み焼粉」が好調だ。当初予定を6〜7割上回る売れ行きで、それまでの製品で10%弱だった市場でのシェアは13〜14%まで拡大している』（2015/12/09 日経MJ P.14、以下同じ）

　このヒット商品はどのように生まれたのでしょうか？

　　『「家で作るお好み焼きはおいしくない」。着目したのは過去に数回実施した百人規模のネット上での消費者アンケートで寄せられた意外な声だった』（同）

　メーカーとしてはおいしく食べてもらっていると考えていたのに、「おいしくない」と言う声があがりました。そこでお客様の使い方を調査したのです。

　　『そこで戸田さんらは13年ごろから実際に調理している消費

者を観察し、無意識の不満を暴き出そうと思いついた。社員に家庭を訪問させて普段通りにお好み焼きを作ってもらった。すると粉の計る量が適当だったり、パッケージの記載レシピを見ただけでは上手に作れていなかったりしていた』（同）

調査方法はいわゆる「アンケート調査」ではなく、お客様を「観察」することにしました。その理由は『無意識の不満を暴き出そう』としたからです。「無意識の不満」は無意識なのですから、尋ねても答えとして出てきません。

そこで「価値が現れる」ところである「使い方」を観察したのです。その結果、「商品設計としての味」ではなく、お客様の「作り方」「作りにくさ」に課題があることがわかりました。

ここまで課題がわかれば、新商品の方向性が決まります。「おいしく作りやすい」お好み焼き粉にすればよいわけです。

『そこで視点を切り替えて「絶対にうまく作ってもらえる」ような工夫に注力した。例えばパッケージ裏のレシピ。それまでの商品では文字ばかりだったものを、イラストを大きく使い、担当者に何十回と書き直させた』『粉も100グラム1袋に小分けして、消費者が計らなくても正確な分量で調理できるようにした』『詳細は「企業秘密」としているが、大豆粉を加えるなどして時間や分量に「ぶれ」があってもうまく焼き上がるようにした』『消費者からは「こんなにおいしく作れるとは思わなかった」との声も』（同）

ここにあがっている打ち手はすべて「おいしくする」という発

想ではなく、お客様がおいしく「作れる」ようにするための、すなわち「使い方」についての打ち手です。その結果、お客様がおいしく「作りやすい」商品ができ、ヒットにつながったわけです。

　自社のシェアを3〜4割も上げるようなヒット商品は、お客様の「使い方」を実際に観察し、「おいしく作れない」という課題をあぶり出したことで生まれたのです。

　お客様がお好み焼き粉を使うとき、メーカーの担当者はその場にいません。これがメーカーの辛いところです。サービス業の場合、例えば飲食業などですとお客様の「利用場面」が目の前にあります。メーカーの場合、お客様が使っているその場所にメーカーの担当者がいる、ということはあまりないのです。

　メーカーがお客様の「実際の作り方」を目にしていなければ、「作り方が課題である」ということがメーカーにはわからないのです。

　そして、お客様自身も「家で作るお好み焼きはおいしくない」と思っていても、それが「自分の作り方の問題だ」という自覚はありません。その場合、メーカーがお客様に尋ねても、お客様自身が気づいていないことは回答に出てこないのです。

　となると、実際にお客様が使っているその場に行ってお客様の「使い方」を自分の目で観察して課題をあぶり出す、というのは極めて有効な方法となり得るのです。

　あまり知られていないことですが、技術力で市場を開拓してきたと言われる英ダイソンもお客様の「観察」をしています。それも日本の消費者を、です。あのサイクロン式の掃除機のダイソンが、ですよ。

『技術者であるジェームズ・ダイソン氏が創業した同社は「消費者調査に頼らない」「広告宣伝費より技術開発に投資」「安売りはしない」という3原則を掲げる。だが、その裏には原則を覆すような緻密な戦略が隠されていた』

『英本社からは毎週技術責任者たちが来日し、東京と大阪の一般家庭で掃除機や扇風機など発売前の商品を使ってもらい、その様子を観察する。5月は約20人が来日してそれぞれ1日5件ほど見て回った』『「事前に消費者の声や要望を聞いても多機能になりすぎるだけ。家電は実際に使われる現場を見て、本質的な機能に絞って極めることが大事」（ダイソン氏)』

『ダイソン氏は「きれい好きな日本人は掃除が細かく、評価が最も厳しい。日本でヒットした掃除機は世界中で売れる」と日本を重要視する』(2015/06/17 日経MJ P.1)

「技術開発を重視」と言うダイソンは、「顧客の観察」は徹底的に行っているんです。お客様の要望を「言葉で尋ねる」ということをしないのは、それは「顕在化した課題」はわかっても、「潜在的な課題」はわからないから、ということでしょう。**「潜在的な課題」は言葉ではなく「使い方」に現れる**ということをダイソン氏は知っていたわけですね。

ダイソンの「技術」は、あくまで「お客様の使い方に現れた潜在的な課題を解決する」ためのものであって、「こんな技術を使った掃除機ができちゃったから売ってみようか」ということではないわけです。

　ダイソンの技術者は日本の消費者を観察するためにイギリスからわざわざ来日しているわけですが、日本の消費者を一番知っているのは、日本の家電メーカーのはず。その「宝の山」を活かし切れていないのだとすれば、それは大変残念なことです。

　このような「行動観察」の手法は近年かなり開発されてきており、調査会社も取り入れるようになってきました。「エスノグラフィ」などと呼ばれたりもしますが、さらに詳しく知りたい場合は「行動観察」「エスノグラフィ」などで検索されてみると、色々な情報が得られると思います。

　BtoB（法人顧客対象のビジネス）の場合、例えば顧客企業がメーカーでそこに部品を納めているというようなケースでは、顧客企業の生産ラインなどが自社商品・サービスの「利用場面」になるかもしれません。

　その場合は生産ラインを見せてもらうことが重要ですが、かなりハードルが高いと思います（生産ラインは企業秘密のカタマリですから）。そのあたりは私からは「何とか生産ラインを見せてもらえるよう頑張ってください」くらいしか言えません。「生産ラインを見せてもらえればより御社の役に立てます」というような「お互いの利益のために」という言い方が効果的な場合もありますが、何より信頼関係でしょうから、やはり日頃の信頼関係・人間関係作りが大切ともいえます。

「使うところ」に近いところでお客様の意見を聞こう

　お客様の「使い方」を重視しているのがスノーピークというキャンプ用品メーカー。その世界では知られた存在です。売上高も2013年の44.9億円から2017年の99.1億円へと急成長中です（同

社2014年12月期決算短信、2017年12月期決算短信より)。

　同社の本社は新潟県三条市の約5万坪の丘陵地帯にあり、なんとキャンプ場を併設して自社で運営しています。

　レンタルなども用意し、お客様に設営などのアドバイスもしています。これは、お客様が自社商品を使っている場面を「目の前で見られる」ということです。変な言い方ですが、「自社商品のリアルな使い方を、お客様からお金をいただきながら目の前で観察できる」ということですね。お客様がどこでつまづくか、何を「うれしい」と感じるのか、というのが目の前でわかります。

　また、社員がお客様と直接話すことも容易にできます。

> 『特徴的なのが98年から本社を含む全国で開催するキャンプイベント「スノーピークウエイ」だ。抽選で選ばれた50〜100組の顧客と社員が夕食後、たき火を囲んで商品やサービスについて話し合う。「キャンパーという共通項でつながり合い、本音の意見を聞けている」(山井社長)こうした直接対話から改善を重ねていったのがシェル型の「リビングシェル」だ』『14年は前年比2割以上の売れ行きとなった大ヒット商品だ』(2015/08/07 日経MJ P.1)

　「リビングシェル」というのはその名のとおり、キャンプでの「リビングルーム」で、今やキャンプの定番商品。テントは「ベッドルーム」ですが、それとつなげたりできて、「快適な居住空間」を提供するわけです。私が数十年前ボーイスカウトでキャンプをしていたときのキャンプは「修行」でしたが、今はゴージャスな

アウトドアライフ。それを演出するのが「リビングシェル」。

　お客様が実際に使う場面で、お客様と話しながら生まれたヒット商品と言えそうです。

　「お客様が実際に使っている場所で、それを見ながらお客様と話す」というのは普遍的に使える手法だと思います。

　特にサービス業では、お客様が目の前にいます。飲食店などでは、お客様が目の前で食べ、飲み、楽しんでいるわけですから、リアルなお客様の利用場面が目の前にあるわけです。きちんと観察すれば、お客様の使い方、そして求めるものがわかるはずです。

　「使い方中心の商品開発3ステップ」のステップ1が「お客様の使い方を考える」こと。ぜひあなたの状況にあった方法でお客様の「使い方」を考えてみてください。

第1章　どんな人のどんな使い方に向けて
作るか、考えよう

1　商品開発では「お客様の立場に立つ」ことが最も重要

● お客様の立場に立ち、お客様の求めるものを考えよう

2　顧客像を具体化しよう

● 顧客セグメンテーション：人によって求めるものが違うからグループに分ける

● 顧客ターゲット：分けたグループのどこかに狙いをつける

● 顧客ターゲットを明確化・具体化しよう。究極的には「1人」を狙う

● 「括って広げるセグメンテーション」：1人を狙うと、その人と求めるものが同じ人がついてくるため、むしろ顧客が広がる

● 「求めるものを言語化できる人」を大切にしよう

3　使い方・TPOをとらえた商品開発をしよう

● 価値は使い方に現れる。お客様にとっては使うときがうれしいとき

● 価値＝うれしさ＝使い方＝TPO

　Time（時間）：季節、平日・休日、朝昼夜

　Place（場所）：屋内・屋外、屋内でもどの部屋か、
　　　　　　　　　屋外でも具体的にどこか

　Occasion（加工方法・状況）：加工方法・一緒に使われるもの

4 人×使い方・TPO でお客様が求めるものを考えよう

- ●「人×使い方・TPO」を具体化した「細く鋭い矢」を放とう
- ●「人×使い方・TPO」の分だけ、商品開発の余地がある
  TPOを1つでもズラすと、そこには新商品・サービスの余地が
  生まれる
- ●「ニッチ」を狙うのではなく、大きい市場を狙うときでも
  「細く鋭い矢」を放つ
- ●顧客ターゲットか使い方・TPOのどちらかは必ず絞ろう

5 使い方・TPOで潜在需要を喚起しよう

- ●使い方・TPOを考えると、潜在需要が喚起できる
- ●課題の「頻度」と「重要性」：両方とも高い人×TPOを狙おう

6 お客様の使い方を調べよう

- ●自社の前提を疑って、使い方をきちんと調べよう
- ●お客様の使い方・TPOを観察してみよう

戦場・競合は
使い方で決まる

1 │ 競合は誰か＝何を代替しにいくか

戦場＝価値・うれしさ＝使い方・TPO＝代替選択肢の集合＝競合

第1章では、「顧客」について見てきました。第2章では「戦場・競合」について見ていきます。

「使い方中心の商品開発3ステップ」では、「顧客」「戦場・競合」共に

ステップ1　お客様の使い方を考える

という、最初のステップです。「戦場・競合」が「使い方」に分類されるのは今は違和感があるかもしれませんが、「戦場・競合」は「使い方」で決まることをこの後見ていきます。

商品・サービスを、どの市場に投入し、どの競合からシェア・売上を奪い、代替していくか、というのが「Battlefield：戦場・競合」です。

戦場・競合は、新商品・サービスがその売上を「取ってくる元」という、売上の「取り先」です。

まず、

○戦場＝自社＋競合

というのは問題ありませんよね。戦場とは「自社（の商品・サービス）と競合（の商品・サービス）が戦っている場所」です。

では誰が競合になって、誰がならないのでしょうか？　それを

決めるのは誰でしょうか？

　例えば、「マクドナルド」の競合は誰でしょうか？　ハンバーガーという「業種業態」という意味での競合は、モスバーガー、ロッテリア、バーガーキング、などになるでしょう。

　では、質問を変えます。あなたが最近マクドナルドに行かれたときを思い出してください。

　そのとき、もしそのマクドナルドが何らかの理由で閉まっていたとしたら、どうされますか？

　その答えがあなたにとっての、マクドナルドの「競合」です。

　例えば……

　「休日に小さな子供と行くランチ」という「使い方」のときは、ファミリーレストランなど「子供が喜ぶ食事を提供する店」が競合になりますよね？

　「コーヒーで一休み」という「使い方」のときは、ドトールなどの「カフェ」が競合になりますよね？

　「休日に小さな子供と行くランチ」という「使い方」において、マクドナルドとファミレスは同じ価値・うれしさ（＝子供が喜ぶ食事）を提供します。だから競合するのです。

　「コーヒーで一休み」という「使い方」のときも同様に、マクドナルドとドトールが同じ価値・うれしさ（＝コーヒーで一休みできる）を提供するから競合するのです。

　これは、同じマクドナルドでも、「使い方」が変われば提供する価値・うれしさが変わり、「競合」が変わることを意味します。

　「競合」は、ある使い方・TPO（例えば「コーヒーで一休み」）における代替選択肢（例えばドトール）です。なぜ競合するかというと「同じ価値・うれしさ」を提供するからです。

そして、価値は使い方に現れます。

「自社＋競合」である「戦場」は、「同じ価値・うれしさを提供するもの」ですから、価値・うれしさ（＝使い方・TPO）がそのまま戦場になります（例えば「コーヒーで一休み」戦場）。

きちんと表現すると、

- **戦場＝価値・うれしさ＝使い方・TPO**
- **競合＝その使い方・TPO における代替選択肢**

ということです。

マクドナルドの例で言えば、

- 戦場＝「コーヒーで一休み」という価値・うれしさ
  　　　＝使い方・TPO
- 競合＝同じ価値・うれしさ（＝使い方・TPO）を提供する
  　　　ドトールなどのカフェ

となります。

○戦場＝価値・うれしさ＝使い方・TPO
**　＝代替選択肢の集合＝競合**

という関係が成立していることがわかります。

戦場・競合は価値・うれしさ（＝使い方・TPO）で定義されるのです。

これが、「戦場・競合」が「使い方中心の商品開発3ステップ」の「ステップ1　お客様の使い方を考える」に分類される理由です。

競合は業種業態ではなく価値・うれしさ（＝使い方・TPO）で決まる

価値・うれしさ（＝使い方・TPO）はお客様のアタマの中にあることですから、「戦場」もお客様のアタマの中に存在します。

「自社の商品・サービスはこの商品・サービスと競合する」と売り手がいくら主張してもお客様がアタマの中でそう思わなければ（＝同じ選択肢に入らなければ）競合しませんし、「競合しない」と売り手が主張してもお客様のアタマの中で同じ代替選択肢に入るのであれば競合します。

戦場はお客様のアタマの中にあり、競合はお客様が決めるのです（**図7**、118ページ）。

課題解決という表現では、何らかの「解決すべき課題」（「コーヒーで一休みしたい」）が生じたときに顧客のアタマに浮かんだ「解決手段」（マクドナルドにするか、ドトールにするか）が「競合」です。

競合はあくまで価値・うれしさ（＝使い方・TPO）で定義されるのであって、業種業態は関係ありません。お客様にとって大事なのは「コーヒーで一休み」という価値・うれしさ（＝使い方・TPO）であって、業種業態ではないのです。

マクドナルドは使い方によって、コンビニやドトールとも競合するのです。

確かにマクドナルドは同業種のモスバーガーやロッテリアとも競合するでしょう。業種業態が同じだと競合することは多いですが、それは価値・うれしさ（＝使い方・TPO）が同じだから競合するのであり、業種業態が同じだから競合するわけではありません。

図7：戦場・競合はお客様のアタマの中にある

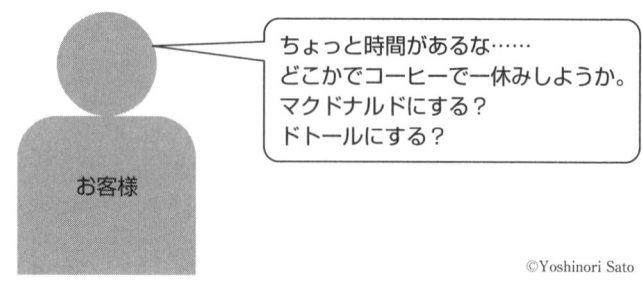

戦　場	競　合
ある使い方・TPOでの お客様のアタマの中	お客様のアタマの中に 浮かんだ選択肢の集合

お客様

ちょっと時間があるな……
どこかでコーヒーで一休みしようか。
マクドナルドにする？
ドトールにする？

©Yoshinori Sato

　BtoB（法人顧客対象のビジネス）でも同じです。例えば、「商品・サービスの認知度・好意度を上げて、売れるようにする」という広告媒体を巡る戦場では、電通などの広告代理店のテレビCM、印刷会社が作るDM、テレマーケティング会社の電話での販売、リクルートの雑誌媒体、GoogleやYahoo!のネット広告などが入り乱れて競合しています。

　顧客企業が求めるのは「商品・サービスの認知度・好意度を上げて、売れるようにする」という価値・うれしさ（＝課題解決）であり、その課題解決の手段は何でもよいのです。

　電通と博報堂という同業種の広告代理店同士はもちろん競合しますが、それは、提供する価値・うれしさが偶然、たまたま、思いがけず同じだから競合するわけであって、業種業態が同じだから競合するわけではありません。

どの戦場・競合を狙うか＝どの使い方を狙いにいくか

商品開発のときに考えるべきことの1つが「どの戦場・競合」を狙いにいくか、すなわち「売上の取り先」をどこに設定するか、ということです。

「戦場＝価値・うれしさ＝使い方・TPO」ですから、どの戦場を狙うか、という問いはお客様のどんな使い方・TPOを狙うか、という問いに等しいです。

マクドナルドが2008年に出した「プレミアムローストコーヒー」という新商品（当時は）は、「コーヒーで一休み」戦場を狙って放たれた「細く鋭い矢」です。取り先はカフェ。

マクドナルドが誇る子供向け人気メニュー「ハッピーセット」は、「休日に小さな子供と行くランチ」戦場を狙う「細く鋭い矢」です。つまりファミレスを「取り先」としているのでしょう。

どの戦場・競合を狙いにいくかによって、出すべき商品・サービスは全く異なります。「ハッピーセット」は「休日に小さな子供と行くランチ」戦場には刺さりますが、「コーヒーで一休み」戦場には全く刺さらないのです。

「戦場」すなわち「使い方・TPO」に合った商品・サービスでないと、お客様に刺さらないのです。

理由は単純で、お客様は自分の「使い方・TPO」に合った商品を選ぶからです。

刃がカーブしたハサミ「フィットカットカーブ」は、「オフィスで厚紙を切る」という使い方（＝戦場）に向けたフィットカットカーブという「矢」をまず放ちました。

そしてその後、「キッチンで食材を切る」という使い方（＝戦場）に向けた「フィットカットカーブ 洗えるチタン」という別

の「矢」を放ったわけです。

　同じ「ハサミ」といえども、どこで何を切るか、というハサミの使い方（＝戦場）によってお客様の求めるものが変わり、提供すべきハサミが変わるわけです。

全く新しい「戦場」は存在しない

　「戦場・競合」は開発しようとしている新商品・サービスの売上の「取り先」だ、というと、「全く新しい市場を創ることもあり得るのではないか？」という質問が浮かぶかもしれません。

　では、「全く新しい市場」は本当にあり得るのでしょうか？

　古いところで言えば、自動車。「全く新しい市場」ではなく自動車は「馬無し馬車」として、馬車の代替手段（＝競合）となった、ということは序章で説明しました。

　自動車は「既存市場」に対する「新しい代替選択肢」ではありましたが「全く新しい使い方（＝戦場）」ではありません。

　電子メールは通信手段としての「のろし」「飛脚」の代替手段です。YouTubeなどの動画サイトは技術としては新しくても、「使い方」としては、「広告媒体」「テレビの代わり」などの既存の使い方を広範囲に代替しているわけです。

　自動車も、電子メールも、YouTubeも、「既存市場」に対する「新しい代替選択肢」なのです。「手段」としては新しくても、結局やっていること（＝使い方）は同じ、ということです。

　そう考えると、「全く新しい手段」はあるかもしれませんが、「全く新しい戦場」というのは、ほぼ存在しません。

　なぜかというと、お客様が求めている価値・うれしさは、何らかの解決手段が既に提供されているはずだからです。逆に言え

ば、「代替するもの」が全くないのであれば、それは「お客様が求めていない」のかもしれません。

そう申し上げた上で、「既存市場」に対して新技術などを使った「新しい代替選択肢」を提示することは極めて有効な手法です。レコードに対するCD、鉛筆に対するシャープペンシル、公衆電話に対する携帯電話などがその典型例です。

新技術であろうとも、代替するのは既存市場です。「どの戦場を狙いにいくか」はやはり重要なのです。

ただ、そうはいっても、馬車に対して「自動車」は劇的な技術革新だったために、すさまじい市場を「創り出した」といってよいと思います。昔は「馬の遠乗り」をできる人は限られていましたが、「ドライブ」は多くの人ができるようになりました。

自動車が「新しい市場・戦場」を創った、という表現は「劇的に大きな変化を与えた」という意味では正しいです。

以降、本書で「新しい戦場」という表現は「既存市場に大きな変化が加わった」という意味で使われます。

他業種を狙えば、取り先は無限

商品開発において、戦場・競合は「取り先」です。そして戦場・競合は業種業態ではなく、価値・うれしさで定義されます。

現在の日本では多くの業種業態が「成熟」し、成長余地は限られているように見えます。しかし、戦場・競合を業種業態ではなく、価値・うれしさで定義すると、「取り先」すなわち成長余地は無限に生まれます。

わかりやすいのは、スマホやタブレット。他の業種を取り先とすることで劇的な成長を遂げました。内閣府2016年度国民経済

計算（12. 家計の目的別最終消費支出の構成、名目、暦年）の数字を抜粋してみました（http://www.esri.cao.go.jp/jp/sna/data/data_list/kakuhou/files/h28/h28_kaku_top.html）

	1994年	2016年
通信	3兆9,892億円	10兆8,138億円
被服・履物	17兆443億円	10兆2,640億円
娯楽・レジャー・文化	27兆3,501億円	22兆9,767億円
国内家計最終消費支出	261兆4,780億円	293兆2,977億円

　「通信」が7兆円近く増えていますが、1994年頃は携帯電話の普及率が高まり始めたタイミングであり、ここから携帯電話、スマホ、タブレット、と「通信」の消費金額が伸びていきます。

　そして、消費金額の落ち込みが全項目中でもっとも激しいのが「被服・履物」（約7兆円減）と「娯楽・レジャー・文化」（約4兆円減）の2つ。

　特に「娯楽・レジャー・文化」が、スマホやタブレットに取られているであろうことは容易に推測できます。

　「通信」（携帯電話やスマホ）は、「被服・履物」「娯楽・レジャー・文化」などの他の業種業態の消費を取り先とすることで劇的に伸びているのです。

　コンビニエンスストアが伸びているのも同じロジックです。コンビニはこの10年で見ても、2008年の7.9兆円から2017年の10.7兆円*へと、3兆円近く伸びている成長業種です（＊　一般社団法人日本フランチャイズチェーン協会調べ）。

　コンビニが「飽和した飽和した」と言われ続けて飽和しないのは、他の業種業態を売上の取り先としているからです。昔は「菓子店」「パン店」「酒販店」「書店」などがありましたが、コンビニに取られるか、コンビニに「なる」かとなりました。コンビニの弁当は当然弁当店やスーパーを狙ったものでしょう。

　コンビニは最近でも銀行、チケットなど次々に他業種へと進出しています。わかりやすいところでは、「チキン」ですね。これはチキンのファストフードチェーンを狙ったと言われています。ドーナツチェーンを狙った「ドーナツ」もそうですね（残念ながら失敗に終わりました）。最近は店内に「イートイン」コーナーを設けて、外食からも取ろうとしています。

　コンビニは、他の業種業態の売上を取り続けることで成長し続けているのです。

　ここからわかることは、2つあります。

　まず、「他の業種業態を狙うと成長の余地が生まれる」ということ。

　もう1つは「自分の業種が特殊だと思っていると、そう思っていない他社に攻められ、その業種自体がなくなってしまう」ということ。「自分の業種業態」が特殊だと思っていると、他の業種業態を攻めようという発想になりません。攻められるよりは、攻める方になりませんか？

　何も業態転換しようとか、突飛な新商品・サービスを出そうと言っているわけではありません。

　コンビニの「イートイン」が良い例ですが、店舗の一部に机と椅子を設けて開放するだけで、既存の商品・サービスを使って「外食店」から売上を取ってこれるんです。観光地でも、食べ物

のおみやげ屋さんがちょっとしたイスと無料給茶器を置くだけで「休憩所」になり、カフェとして使ってもらえるようになるんです。やり方は色々とあるはずです。

「使い方」が同じ他業種を狙おう

「戦場・競合」は業種業態とは関係ないといっても、現実には多くの商品・サービスは、同じ業種業態の他の商品・サービスを狙って出されることが多いと思います。

何らかの理由でそれしかできないという場合には、その競合に対してどんな「強み」を作っていくかを考えることになります。それは次章で見ていきます。

ここでは、他の業種業態を売上の取り先とした事例を見ながら、他業種を攻める方法を考えていきましょう。

　○戦場＝価値・うれしさ＝使い方・TPO
　　＝代替選択肢の集合＝競合

となり、「使い方が同じであれば競合となり得る」ということは既に見てきました。

ということは、「使い方・TPO」を同じくする他業種の商品・サービスは、自社の「新たな売上の取り先」となる、ということです。

「缶コーヒー」を狙った紅茶、「午後の紅茶　エスプレッソティー」

2010年にキリンビバレッジが発売した「午後の紅茶　エスプレッソティー」は、紅茶でありながら「缶コーヒー」という「他

業種」を狙って生まれたヒット商品。

　　『ターゲットとしたのは缶コーヒーの飲用が多いオフィス勤
　　務の男性』『容量は190ミリリットルで、コンビニ店頭で缶
　　コーヒーと同じ棚に並ぶようにした』(2010/06/06 日経MJ P.2)

　顧客ターゲットは『オフィス勤務の男性』、狙ったところは
「オフィスでほっと一息」と、缶コーヒーと同じ使い方・TPO
(=戦場) です。
　「エスプレッソ」という名前はもちろんコーヒーに由来してい
るものですし、容器も明確に缶コーヒーに寄せて、『缶コーヒー
と同じ棚に並ぶようにした』わけです。
　「競合」は、「ある使い方・TPOにおける代替選択肢」です。缶
コーヒーを飲みたい気分のとき、缶コーヒーと同じ棚にあれば、
紅茶でも選択肢になるわけです。
　その結果、『2011年の「エスプレッソティー」シリーズの販売数
量は513万ケース（前年比123%）を突破しました』(キリン ニュー
スリリース　http://www.kirin.co.jp/company/news/2012/news2012011604.
html) という大ヒットを記録。

　ここからわかるのは、「使い方・TPO」に加えて「売り場」も
戦場を構成する要素になる、ということ。
　お客様が「缶コーヒーを飲みたい気分」のときは、「缶コー
ヒー」売り場に行きます。缶コーヒーを「競合」(=取り先) とし
たいのであれば、缶コーヒー「売り場」に置くことが重要です。
　これを応用すると、「缶飲料」のメーカーが「お菓子」の棚を狙

えないか、というような発想も出てきます。お菓子売り場に「缶」の商品はほとんどはありません。しかし、例えばものすごく濃厚なチョコレートドリンクを「液体チョコレート」としてチョコレート売り場に置けば、チョコレートを取り先とすることができるかもしれません。

このときの課題は、コンビニやスーパーの担当バイヤーが変わること。通常「飲料」の担当バイヤーと「お菓子」の担当バイヤーは違うので、営業先が変わってしまいます。飲料メーカーの営業担当はお菓子の担当バイヤーとのつながりがなくて営業できない、というような場合は、飲料メーカーがお菓子メーカーと組めばその問題も解決できます。

顧客ターゲット、使い方・TPO、さらには売り場が一緒であれば、紅茶でもコーヒーを新たな売上のモトにできるわけです。

なお、2018年現在エスプレッソティーは「午後の紅茶　エスプレッソ　ティーラテ」という250gのボトル缶の商品になっています。コーヒーが缶からボトル缶にシフトしていったので、それに合わせたのでしょうね。

「ちょい飲み」を狙った吉野家の「吉呑み」

外食は、「使い方・TPO」が同じであれば異業種間のバトルが起きる、まさに「Battlefield」です。

「居酒屋」の市場規模は、1兆77億円*、約1兆円の市場です（一般社団法人日本フードサービス協会調べ、2016年　http://anan-zaidan.or.jp/data/2017-1-1.pdf）。この戦場を「うれしさ」で表現すれば、「夜にお酒と食事を楽しむ」戦場ですね。

近年、その「夜にお酒と食事を楽しむ」戦場への異業種からの

参入が激しくなりました。いわゆる「ちょい飲み」戦場です。

　牛丼の「吉野家」はその戦場を狙って「吉呑み」という新サービスを導入、戦場の一部を奪っています。吉野家のHPからメニューを抜粋しますと、牛皿（並）（330円）はもちろんのこと、子持ちししゃも（250円）、枝豆（150円）、冷奴（150円）、生ビール（380円）、角ハイボール（350円）など、居酒屋を取りにいっていることは明らか。しかもお通し・席料などは不要。

　2016年2月期の決算短信では、増収の主な要因の1つとして『約360店舗にて「吉呑み」を導入し、夜の時間帯に新しい「ちょい呑み」の場をお客様に提供したこと、等によるもの』としています（http://contents.xj-storage.jp/xcontents/AS08813/73db13b7/3954/4cc5/806a/79f1832568c4/140120160408454128.pdf）。

　店などを大きく変えずに、「夜にお酒と食事を楽しむ」戦場を狙った新メニューを出して他業種を取り先にしたわけです。

　お客様からすれば「夜にお酒と食事を楽しむ」といううれしささえ満たせれば、居酒屋でも、吉野家でも、ファミレスでも何でもいいわけです。

　「使い方・TPO」に着目すると、「他業種」が「新しい売上の取り先」になるのです。

ユニクロの「ブラトップ」

　他の業種業態を狙う、というのはファッション・アパレルでも同じ。

　2008年発売で大ヒットし、今や定着したユニクロの「ブラトップ」。キャミソールとブラジャーを合わせたような商品ですが、これはもちろん「ブラジャー」を狙いにいった商品でしょう。

狙ったTPOはおそらく「帰宅後」や「休日」の「部屋着」「下着」。ブラジャーと違ってワイヤーなどの締め付けがなく「ラク」を「強み」にして大ヒットしました。

　「下着」といっても、デザイン性が必要な「ランジェリー」はユニクロはあまり得意な分野ではありません。

　しかし「ベーシックな部屋着」はユニクロが得意とする「戦場」です。「平日帰宅後や休日、部屋でラクしたい」というTPOに向けて、ブラジャーを取りにいって成功した商品といえます。

　「使い方」が同じ他業種は狙い目、というのがこれらの事例からわかります。

2 | 戦場は変化している

使い方・TPOが変わるときは、「戦場」が変わるとき

　戦場は「価値・うれしさ」で定義され、価値は使い方に現れます。

　となると、ある商品・サービスの使い方・TPOが変わるときというのは、「戦場」が変わるときということになります。

　お客様を取り巻く環境は常に変化していますから、「戦場」も常に変わり続けています。そして「戦場」が変わるときはチャンスです。第1章でもとりあげた、「カバン」の戦場の変化を見てみましょう。

　男性の「通勤カバン」戦場が最近変わっています。「使い方・TPO」（＝戦場）は「通勤」ですが、それが変わっているのです。最近は通勤用のリュックが伸びています。

『ビジネスマンの間でリュックサック人気が止まらない。かばん大手エース（東京・渋谷）ではリュックサックの売り上げが前年比3割増』『2005年にクールビズが始まり、ネクタイなしでもだらしなく見えないシャツが広がった。同時に通勤用かばんにも服装に合ったカジュアルな商品を求める男性が増えたという』

『第2の転換点は11年の東日本大震災。自転車通勤を始める人が急速に増えた。同時に通勤用かばんとしてリュックサックが注目され、リュックサックとしても使える3ウエーのバッグの売り上げが伸びたという』(2015/10/12 日経MJ P.7)

カバンに求めるものは、

T・P：いつ、どこに持って行くか
O：何を入れるか・何を着ているか

によって決まるということは既に見てきました。

　クールビズによる「着る物の変化」や「自転車通勤」というカバンの「使い方・TPO」の変化が、「通勤カバン」戦場に大きな変化をもたらし、リュックサックという新しい「選択肢」が生まれたのです。

新しい「使い方」を提案できれば、新しい「戦場」が生まれる

逆に、売り手の側から戦場を提案していくこともできます。
　例えば、ポータブルビデオカメラなどはそうでした。
　ビデオカメラが本格的に普及したのは、1990年代。1987年には

わずか10.4％だった普及率が、10年後の1997年に33.6％と急進しています（内閣府　消費動向調査）。

ソニーの携帯型8ミリビデオ「ハンディカム」を筆頭に「子供の運動会を動画で記録する」という新しい使い方・TPO（＝戦場）を売り手が提案したわけです。

厳密には「子供の運動会を記録する」他の選択肢には「カメラ」があったので「新しい戦場」ではありませんが、「動画で」という新しい要素が加わったことでこの戦場が劇的に拡大しました。

爆発的にヒットした「パスポートサイズ」のハンディカム（ソニー　CCD-TR55、浅野温子さんのCMで知られます）の登場が1989年*ですが、「パスポート」と言われるとおり、「旅行の動画での記念撮影」戦場も生まれました（*ソニーHP　https://www.sony.co.jp/Fun/design/history/1980.html）。

最近では、「アクションカメラ」が新しい「戦場」となっています。米「ゴープロ」に代表される、ヘルメットなどに取り付けて撮影する超小型ビデオカメラです。

動画撮影の最大の競合は今やスマホですが、アクションカメラはスマホでは撮影できない水中や高速スキーなどのTPOで使われますから、スマホとは競合せず、成長しています。

『ビデオカメラ市場で2桁成長が続いている』『活況の要因はアクションカメラの拡大だ。ビデオカメラに占める割合が2016年9月には11.0％だったが、17年9月は18.9％とおよそ8ポイント上昇』（2017/10/25 日経MJ P.5）

私はスキーをしますが、既存のビデオカメラは片手がふさが

り、かつ画面を見ながらの撮影ですから、スピードを出すのは危険です。アクションカメラはヘルメットなどに付けられるために両手が空き、高速での滑走シーンも撮影できます。そのあたりが人気になっているのでしょう。

今は、動画は「身内で楽しむ」という使い方に加え、「動画サイトに投稿して視聴数を稼ぐ」というような新しい「使い方」もあり、伸びているわけです。これはまさに売り手からの「使い方提案」で作られた戦場と言えそうです。

既存の商品の性能を「ｎ％改善」するのは「既存の戦場」の戦い方。新しい「使い方・TPO」が提案できれば、「新しい戦場」ができるかもしれません。

BtoBの人手不足戦場

「戦場が変わる」というのは、BtoB（法人顧客対象のビジネス）でも同じです。

特に2018年現在で顕在化しているのが「人手不足対策」戦場。

2017年の有効求人倍率は、1.50とバブル期（1990年〜91年）の1.40を上回るすさまじい人手不足です*。私のお客様の経営者も、みな口を揃えて「とにかく人がいない」とおっしゃいます。
（*独立行政法人　労働政策研究・研修機構　http://www.jil.go.jp/kokunai/statistics/timeseries/html/g0301.html）

この状況がいつまで続くかはわかりませんが、人手不足対策の商品・サービスに対する需要は大きいです。

小売業も人手不足が厳しい分野の1つですが、そこに対応したのが段ボールメーカーのレンゴーが開発した「次世代段ボール」。

『段ボール大手レンゴーが開発した、そのまま棚に置ける「次世代段ボール」がディスカウントストアなどで採用が進む』『中に入っている商品のパッケージと合うよう、箱の下部に商品ロゴやキャッチコピーを大きく印刷するなどの工夫が凝らされている。側面や上部にはミシン目が入っており、手で簡単に開けられる。店員は運ばれてきた段ボールを開封し、そのまま棚に並べれば良い』

『東京都板橋区の商店街にあるディスカウントストア「ビッグ・エー板橋大山店」』『ビッグ・エーが使っている新型ケースはレンゴーが製造した「RSDP（レンゴー・スマート・ディスプレー・パッケージング）」』『同店ではRSDPの導入で、ケースの開封にかかっていた時間は従来の4分の1に減った』(2017/10/13 日経MJ P.3)

　店員がカンタンに開封でき、そのままお店に陳列できるので、陳列に要する時間を大幅に削減できるのです。

　このようなタイプの段ボールは以前からもありましたが、人手不足が深刻化して段ボール・外箱に求めるものが変わって需要が顕在化したわけです。BtoBでも「使い方・TPO」が変わると「戦場」が変わるのは同じなのです。

3 ｜「攻めるところ」を決める戦場マップ

「戦場」全体を俯瞰し「攻めるところ」を決める戦場マップ

「戦場・競合」は、開発する新商品・サービスの売上の「取り先」であり、「攻めるところ」ですね。

その戦場・競合全体を一覧で見られる「戦場マップ」を作ると、その「攻めるところ」を俯瞰でき、「どこを攻めるべきか」（＝どの戦場・競合を取りにいくか）がわかりやすくなります。

例えば、食品・飲料・外食では、

- 平日vs休日
- 時間帯
- 場所：外食vs家庭内

というTPOを軸にした戦場マップを書くと、どこを攻めに行くか、考えやすくなります。

ざっくり大きく見れば、**図8**（134ページ）のようになるでしょう。

人間が何かを食べたり飲んだりするというとき、平日の24時間、休日の24時間のどこかで行うことになります。絶対にです。これ以外の時間はありえません。

ですから、この切り口で見るならば、「狙いどころ」は必ずこのうちのどこかになります。

そして、いつどこで食べる・飲むかというTPOによって求めるものが変わりますから、どこを狙うかによって、作るべき商品・サービスは変わります。

さらに厳密に言えば、「人」によってこの「戦場マップ」は変わ

図8：食品・飲料・外食の「戦場マップ」

	平　日	土休日
6：00	忙しい朝の朝食戦場	
10：00	平日のカフェ戦場 間食戦場	休日の朝食・ ブランチ戦場
12：00	手早い 昼食戦場 ／ テイク アウトの 食事戦場	家族団らん 戦場 ／ デート中の 食事戦場
14：00	平日のカフェ戦場 間食戦場	休日のカフェ戦場
18：00 23：00	夕食戦場 ／ テイク アウト の食事 戦場 ／ 飲み戦場 飲みの シメ戦場	リッチな食事戦場

©Yoshinori Sato

134

ります。同じ20代女性でも、フルタイムで働く独身の女性と、子供がいる専業主婦とでは、食品・飲料・外食に求めるものが違うからです。

　ですから、厳密を期す場合には、「人」（＝顧客セグメント）ごとに戦場マップを描き、どこを狙うか、というのを考えていくことになります。つまり、人×使い方・TPOで戦場マップを作るわけです。

　図8の戦場マップは食品・飲料・外食全般という粗っぽいものですので、自社にとってさらに深掘りした適切な戦場マップにしていく必要があります。

　マクドナルドを例にとって考えてみましょう。マクドナルドから見て、戦場マップは**図9**（136ページ）のようになっていると考えられます。マクドナルドのデータに基づくものではなく（それが公開されるはずもないでしょうし）、経験・ヒアリングなどによるものです。

　戦場は「自社＋競合の集まり」でもありますから、戦場が決まれば競合が決まります。戦場ごとに競合が決まる関係がおわかりいただけるかと思います。

　マクドナルドの「戦場」は「使い方・TPO」で変わります。特に「時間」の与える影響が大きいです。

　朝は「朝食」、昼は「店内昼食」「テイクアウト」、夕方は「コーヒーで一休み」、夜は「店内夕食」「テイクアウト」という「使い方」になり、時間帯によって競合が変わるわけです。

図9：マクドナルドの「戦場マップ」

	平　日		土休日
6：00	手早い 朝食戦場 競合：カフェ・ ファストフード	テイクアウト 朝食戦場 競合： コンビニ	休日遅めの ブランチ戦場 競合：カフェ・ 　　　ファミレス・ 　　　レストラン
10：00	コーヒーで 一休み戦場 競合：カフェ・ファミレス		
12：00	手早い 昼食戦場 競合： レストラン・ ファストフード	テイクアウト 昼食戦場 競合： コンビニ・ 弁当店	休日の家族 団らん戦場 競合：ファミレス・ 　　　回転寿司
14：00	コーヒーで 一休み戦場 競合：カフェ・ファミレス		コーヒーで 一休み戦場 競合：カフェ・ 　　　ファミレス
18：00 23：00	夕食戦場 競合： レストラン・ ファストフード	テイクアウト 夕食戦場 競合： コンビニ・ 弁当店	ごほうびの 食事戦場 競合：レストラン

お客様は個別の使い方で個別に意思決定するから「細く鋭い矢」が必要

この「戦場マップ」の上で、どの「戦場」を選ぶか決めたうえで、そこに向けて「細く鋭い矢」を放つことになります。

本章の119ページで取り上げたマクドナルドの「プレミアムローストコーヒー」は、この戦場マップの平日夕方などの「コーヒーで一休み戦場」に向けて放たれた「細く鋭い矢」でしょう。

「ハッピーセット」はもちろん休日の昼間の「休日の家族団らん戦場」に向けた「細く鋭い矢」です。

「プレミアムローストコーヒー」も「ハッピーセット」も特定の戦場に向けられた「細く鋭い矢」です。

なぜ「細く鋭い矢」を放つ必要があるかというと、

お客様はそれぞれの使い方・TPO（＝「戦場」）において、個別に判断する

からです。これは極めて重要です。

例えば、「平日の朝、ちょっとコーヒー飲みたい」というときと、「休日の昼、子供と食事に行く」というときの意思決定は、それぞれの使い方・TPO（＝「戦場」）において別々に行われるのです。「平日の朝」と「休日の昼」の平均をとって決めるわけではないのです。

これはお客様から見れば、ものすごく当たり前のことです。

だから競合は「個別の使い方・TPO（＝個別の戦場）」で起きている、ということももものすごく当たり前のことなのです。だからこそ、「個別の使い方・TPO（＝個別の戦場）」に向けた「細く鋭い矢」でないとお客様に選ばれないのです。

売り手からすれば「全ての使い方・TPOで売れるような」万

能の商品・サービスを作れば売れる、と考えがちです。

　が、お客様はあくまで「個別の使い方・TPO」（＝個別の戦場）で判断します。だからこそ、「個別の使い方・TPO」（＝個別の戦場）に特化した商品・サービスの方がお客様に選ばれやすくなるのです。

　これは、売り手から見ると

　「どの戦場」（＝「どの個別の使い方・TPO）に向けて「矢」を放つか

という意思決定になります。

　戦場＝使い方・TPOですから、「どの戦場に向けて商品・サービスを作るか」というのは「どんな使い方・TPOを狙った商品・サービスを作るか」と同義です。

顧客ターゲットによって、戦場は変わる

　先ほど例示したマクドナルドの戦場マップ（**図9**、136ページ）は、マクドナルドにとって「全市場」を現すものになります。

　ただ、この戦場マップは、「顧客ターゲット」によって全く変わります。

　例えば「内勤ビジネスパーソン」がマクドナルドに来店する可能性があるのは、平日の場合は、

- 早朝〜9時ごろ　　　朝食やコーヒーの店内飲食・テイクアウト
- 12〜13時　　　　　昼食の店内飲食・テイクアウト
- 18時〜22時ごろ　　夕食の店内飲食・テイクアウト

と決まります。「内勤ビジネスパーソン」のお昼休み時間は、多くの場合12〜13時と決まっていますし、15時にふらっと「コーヒー飲んできまーす」とはなりません。逆に、夜はある程度遅く

ても大丈夫です。

　子供を幼稚園に預ける母親（または父親）という場合は、

　　　（朝はお弁当を作る）

　・9〜10時　　　幼稚園に子供を送った帰りに1人で

　　　　　　　　　あるいはママ友と

　　　（昼は家事をしたりする）

　・14時ごろ　　　子供を迎えに行く前に1人で

　・15時ごろ　　　子供を迎えに行った後に子供とあるいはママ友と

　　　（子供を習い事に送る）

　・16時ごろ　　　子供を習い事に送った後に1人で

　　　（子供を習い事から迎えに行って帰宅し、家で夕食）

という感じでしょうか。22時に園児とマクドナルドで夕食とは（あまり）なりませんから夜遅くは来ません。

　このように、顧客ターゲットごとに「使い方・TPO」（＝戦場）が変わりますから、顧客ターゲットごとに戦場マップを描くことをお勧めします。

　つまりは、「人（＝顧客ターゲット）」×「使い方・TPO」で考える、という第1章で考えてきたことそのままです。

　「人（＝顧客ターゲット）」×「使い方・TPO」というのは、戦略用語でいえば「顧客ターゲット」と「戦場・競合」を決める、ということでもあるのです。

　ただ、顧客ごとに作ると煩雑になる場合もあります。

　現実問題として、1枚にできるのであればそうした方が考えやすくなります。マクドナルドの場合は、**図10**（140ページ）のようになるでしょう。

図10：マクドナルドの「戦場マップ」×顧客ターゲット

	平　日		土休日
6：00	**手早い朝食戦場** 競合：カフェ・ファストフード 顧客：通勤客	**テイクアウト朝食戦場** 競合：コンビニ 顧客：通勤客	**休日遅めのブランチ戦場** 競合：カフェ・ファミレス 顧客：1人客
10：00	**平日のカフェ戦場** 競合：カフェ・ファミレス 顧客：主婦・年配者		
12：00	**手早い昼食戦場** 競合：レストラン・ファストフード 顧客：昼食を外で手軽に取りたい会社員	**テイクアウト昼食戦場** 競合：コンビニ・弁当店 顧客：会社で食べる会社員	**休日の家族団らん戦場** 競合：ファミレス・回転寿司 顧客：子供のいるファミリー
14：00	**平日のカフェ戦場** 競合：カフェ・ファミレス 顧客：主婦・年配者・学生		**休日のカフェ戦場** 競合：カフェ・ファミレス・レストラン 顧客：1人客、カップル
18：00 **23：00**	**夕食戦場** 競合：レストラン・ファストフード 顧客：夕食を外で手軽に取りたい人	**テイクアウト夕食戦場** 競合：コンビニ・弁当店 顧客：夕食を買って家で食べたい人	**ごほうびの食事戦場** 競合：レストラン 顧客：カップル

　時間帯（TPOのT）によって、競合と顧客ターゲットが違うことがわかります。マクドナルドの場合は顧客ターゲットを決めれば（ある程度）時間帯（TPOのT）が決まり、時間帯を決めれば（ある程度）顧客ターゲットが決まる、ということです。

　2018年6月現在、マクドナルドは「夜マック」で「プラス¥100でパティが倍に」というサービスを実施中です。例えば「倍ビッグマック」という、ビッグマックのパティが2枚から4枚へと「倍」になるわけです（単品で通常390円＋100円＝490円）。当然、夜に夕食を取りに来る若めの男性が顧客ターゲットでしょう。

　夜に子供向けのメニューを出しても子供は来ませんし、14時にビジネスパーソン向けのメニューを出しても内勤ビジネスパーソンは来られません。

　ですから「倍マック」を出すなら「夜」にすることで、ボリュームのある夕食という使い方とも、顧客ターゲットとも一貫性が取れるわけです。

戦場の「規模」を推定しよう

　戦場マップが描けたら、戦場の規模を推定する、ということになります。その戦場の規模が自社にとって適切かどうかを判断するためです。

　自社の売上が1億円で、戦場の規模が1兆円というと、あまりに大きすぎて狙い所がわかりません。自社の売上が1兆円で、戦場の規模が1億円ですと、小さすぎて狙う意味がありません。

　概算でいいので、戦場の「規模」を把握する必要があります。

マクドナルドにとって、という視点で、マクドナルドの「戦場」の規模を類推してみましょう。あらかじめお断りしておきますが、戦場の規模を推定する方法の「例」であって、金額はあくまで「推定」です。

なお、マクドナルドの全店売上高は4,902億円（日本マクドナルドホールディングス 2017年12月期）。それを踏まえて考えていきましょう。

一般社団法人日本フードサービス協会の2016年の市場データを使っていきます（http://anan-zaidan.or.jp/data/2017-1-1.pdf）。

外食産業全体の規模は、25兆4,169億円と巨大です。ただ、この数字には「集団給食」（学校給食など）や「料亭」「バー・キャバレー・ナイトクラブ」というような、マクドナルドが代替できないような市場が入っています。代替できないものは狙えません。

まず、マクドナルドが近年強化しているように見えるのが「コーヒーで一休み戦場」、すなわち「カフェ」としての使い方。カフェの市場規模は類推できます。

2016年の「喫茶店」の市場規模は1兆1,175億円。

ここはマクドナルドにとっても魅力のある（狙うに足る）規模でしょう。

だから、この戦場を狙ってプレミアムローストコーヒーを出したのでしょう。

次に、平日の「手早い昼食戦場」＋「テイクアウト昼食戦場」について見てみましょう。ビジネスパーソンのランチ戦場ですね。

カンタンそうに見えて、実はここの推測が難しいのです。

　「カフェ」などの業種業態の売上規模などは結構調べられています。しかし「使い方・TPO」に基づく市場規模は、あまり見ません（これは、使い方・TPOで市場を見ている人が少ない、ということの傍証になります）。

　「モノ」視点（例えば業種業態）でのデータはありますが、平日の「手早い昼食戦場」や「テイクアウト昼食戦場」というような「使い方」視点での統計的なデータはあまりないわけです。

　データがなければ、自分で試算するしかありません。いわゆる「フェルミ推定」のような仮説的な試算です。

　例えば、以下のような方法があります。

　顧客ターゲットを「働いている人」とかなり広くとると、総労働人口は6,562万人（＊総務省統計局 労働力調査 2018年1月）。労働人口は総人口のおおよそ半分と覚えておくと便利な数字です。

　ここで、粗っぽい前提を置いてみます。
- 総労働人口の1/2が毎日昼食にお金を払う
- 1食あたり、ワンコイン500円
- 1週間のうち5日働く＝年間約260日
　すると、
- 6,562万人×1/2×500円×260日　＝　約4.3兆円
という数字が平日の「手早い昼食戦場」＋「テイクアウト昼食戦場」の市場規模として導き出されます。

　この数字が正しいかどうかは誰にもわかりませんが、他の数字と大きな矛盾がないかどうかは検証します。

　一般社団法人日本フードサービス協会の2016年の市場データでは、「飲食店」で約13.9兆円、「料理品小売業」で約7.5兆円、計

21.4兆円となっています。ざっくり、前者がいわゆる「外食」で、後者がいわゆる「ナカ食」（テイクアウト）ですね。

外食とナカ食の合計が21.4兆円ですから、平日の「短時間での昼食戦場」＋「テイクアウト昼食戦場」4.3兆円はその約2割ということになります。それほど違和感はなさそうです。

同データでは、「喫茶店」が1.1兆円、「居酒屋・ビアホール等」が1.0兆円となっています。ビジネスパーソンのランチ戦場がそれより小さいということもないでしょう。

となると、平日の「短時間での昼食戦場」＋「テイクアウト昼食戦場」の市場規模が4.3兆円というのは「当たらずとも遠からず」と言えそうです。

「短時間での昼食市場」（店内）と「テイクアウト昼食市場」を個別に計算したい場合は、例えば外食13.9兆円対テイクアウト7.5兆円という先ほどの比率に基づいて配分したりすることになります。

求められる数字の正確さは「意思決定できるレベルの正確さ」

この数字に求められる正確さがどれくらいかというと……、

「あなたが意思決定するに足る正確さ」

であればよい、ということになります。平日の「短時間での昼食戦場」や「テイクアウト昼食戦場」を狙うか狙わないか、という意思決定をするに足る正確さであればいいのです。

おそらく4兆円か、5兆円か、という程度の差は「誤差」といえます。それによって、その戦場に行くか行かないか、という判断はおそらく変わらないからです。

しかし、1兆円か、4兆円か、というのは「誤差以上」に見えま

す。それによって判断が変わりうる（例えば4兆円なら十分だが、1兆円だと小さすぎるという判断をし得る）からです。

　数字を精密にしようとするほどに時間とお金がかかりますし、そもそも絶対に確実に正しい数字というのは、存在しません。「意思決定できるレベルの正確さ」が求められる正確さです。

戦場マップの上で狙う所を決め、そこに「細く鋭い矢」を放とう

　戦場マップは、新商品・サービスが「どこを取りに行くか」を考えるときに役立ちます。

　戦場マップは「全体」です。その全体としての戦場は、部分部分に分かれます。全体の中で、自分が戦うべき戦場（＝全体から見れば部分）を選び、そこに向けて新商品・サービスを投入していくわけです。

　新商品・サービスを投入する戦場を戦場マップ全体から「切り取る」イメージです。

　女性会社員の平日の「手早い昼食戦場」に向けて投入されたのが、ポッカサッポロフード＆ビバレッジが2017年に発売したカップ入りリゾット「リゾランテ」。

　　『「これまでにない主食になる商品を投入したかった」。食品
　　ブランド戦略部の郭佳諾（かくみみ）さんは振り返る』
　　『ポッカサッポロは「じっくりコトコト」シリーズなどカップ
　　入りスープで高いシェアを持つ。同商品はお湯を注ぐだけ
　　で手軽に食べられることが受け、オフィス内でのランチ用に
　　会社員が購入するなど市場が広がっている分野』『独自性を
　　出すために、思いついたのがリゾットだ。主要なターゲット

とする20〜30代の働く女性にも人気が高いとみて、すぐに
商品コンセプトを固めた』(2018/01/17 日経MJ P.14)

　まず、顧客ターゲットは『20〜30代の働く女性』。そして、使
い方・TPOは『オフィス内でのランチ』の主食として、です。
　もともと、ポッカサッポロは『オフィス内でのランチ』戦場
で、カップスープが強さを発揮していました。そこにさらに「主
食」という使い方・TPOに対して細く鋭い矢を放ったわけです。
　そして、『20〜30代の働く女性』が顧客ターゲットなのですか
ら、彼女たちが食べ親しんでおり、オシャレなイメージもある
「リゾット」。カップスープは数あれど、カップリゾットはほとん
ど見ません。
　顧客ターゲットと戦場・競合（＝使い方・TPO）共に相当絞っ
た上で放たれた「矢」は……

　　『販売は好調に推移しており、17年2〜12月でシリーズ全体
　　で300万食を達成。当初の計画の4倍にも上る』(同)

とヒット商品になりました。
　そしてリゾットは、ポッカサッポロがもともと強かったスープ
と使い方・TPOが異なります。スープは副食、リゾットは主食
ですから、競合しないんです。社内競合（いわゆるカニバリ）も
軽減できるわけです。私がよく行くスーパーでは、このカップ入
りリゾットはカップラーメンの棚にありました。「主食」として
扱われているわけです。
　同じカップ入り商品でも、「副食」と「主食」では戦場（＝使い

方・TPO）が違うのです。その意味で、ポッカサッポロから見れば「オフィス内でのランチの副食（スープ）戦場に加えて主食（リゾット）戦場も取れた」という意味を持ちます。

　私が昼どきにお客様の会社に伺うと、会議室で女性社員たちが仲良くお手製のお弁当やコンビニのお弁当、カップスープなどを広げて楽しそうに食べている光景をよく見ます。

　そのような使い方・TPOに特化した、シャープな商品だからこそお客様に刺さってヒットしたのでしょう。

　顧客ターゲット、戦場（＝使い方・TPO）、ともに絞ったことで、顧客ターゲットにとってはまさに「自分向け」の刺さる商品になったわけです。

　戦場全体から、自分が戦いたい戦場（全体から見れば部分）を切り取り、その切り取った戦場に特化した商品・サービスを投入することで、その戦場で勝ちやすくなるのです。

　先ほども見てきたとおり、お客様は個別のTPO（＝各戦場）で個別に判断します。ですから、個別のTPO（＝各戦場）に特化した商品・サービスがお客様に刺さるわけです。

4 ｜ 戦場マップの描き方

戦場マップの切り口

　ではここから、戦場マップの描き方を一緒に見ていきましょう。

　戦場マップの説明は本書での順番としてはかなり遅くなってしまいましたが、商品開発の実作業としては、真っ先にすべきことの1つです。

どこに攻めに行くかが決まらなければ、そもそも何をすべきかがわからないからです。ですから、「使い方中心の商品開発ステップ」のステップ1に「戦場・競合」が来ているんです。

　戦場マップは当然「戦場」を表すものですから、「戦場」の「切り口」が、そのまま戦場マップを描くときの「切り口」になります。

　戦場・競合は「お客様のアタマに浮かぶ選択肢」で、それはお客様の「求めるもの」によって変わります。

　ですから戦場マップはお客様のアタマの中を図にしたものであり、お客様の「求めるもの」や、お客様の「考え方」が戦場マップの切り口になります。

　戦場の切り口すなわち戦場マップの切り口には、以下のようなものがあります。

（1）使い方・TPO

　戦場・競合＝価値・うれしさ＝使い方・TPOなのですから、戦場の切り口としてまず考えるべきは使い方・TPOです。

　先ほど見てきた「図8：食品・飲料・外食の戦場マップ」（134ページ）「図9：マクドナルドの戦場マップ」（136ページ）も、「使い方・TPO」を切り口にしています。時間帯（TPOのT）によって、マクドナルドの使い方が変わり、それによって顧客も競合も変わります。

　まずは、TPOの組み合わせから入るのが戦場マップを作る際のセオリーです。

（2）場所・立地（＝TPOのP）

　「戦場」は「戦う場所」ですから、リアルな「場所」も戦場になります。場所は「TPOのP」というTPOの一部ですが、「戦場」を考える際には重要な要素ですので、「場所」だけ抜き出して説明いたします。

　大きな意味での「場所」では、グローバル戦場は北米、ヨーロッパ、アジア、アフリカなどの各戦場に分けられます。それぞれに求められるものが違うからです。海外進出などは「戦場拡大」の典型例です。

　フリクションボールは、実は日本より早い2006年にヨーロッパで先行発売されて大ヒットしています。ヨーロッパ戦場は、日本とはだいぶ事情が異なります。

　　　『フランスやドイツでは、今でも学校教育の場で万年筆が使われていますが、書いた文字を消す際にインク・キラーという化学的に筆記を消去するペンを必要としています。その場合、常に2本のペンが必要になる点と、一度消した部分には、化学反応により再び万年筆で文字を書くことが出来ないという問題が有りました。しかし、「フリクションボール」はこれらを一気に解決したわけです』（パイロットコーポレーション　第12期株主通信　平成25年1月1日から平成25年12月31日まで P.2)

　国が違うと「戦場」が全く変わります。フランスやドイツではフリクションボールの「使い方」が「学校の筆記具」であり、そ

の競合は「万年筆」になるのです。まさに、「所変われば品変わる」で、戦場が変われば、戦い方が変わるのです。

　小さな意味での「場所」では、店舗の立地も戦場となります。「手早い昼食」のときは、例えばあなたが駅前にいるときには「駅前にある店」の中で選んだりしますよね。業種業態にかかわらず、駅前のマクドナルド、牛丼店、ラーメン店などが同じ「駅前戦場」で競合するわけです。「手早い昼食戦場」は近い「場所」にある店同士が競合するのです。

　さらに小さい「場所」としては、「家の中」なども「戦場」となり得ます。

　空気清浄機の大手、シャープはHPで「おウチまるごとプラズマクラスター」という図を公開しています（http://www.sharp.co.jp/plasmacluster/marugoto/）。リビングに、寝室に、子供部屋に、と、部屋をクリックするとそれにあった空気清浄機が表示されます。

　シャープは「家の中」を空気清浄機の「戦場」と捉えた上で、部屋（＝戦場）にあった空気清浄機を作っているわけです。ユニークなのが「トイレ」。トイレ用の空気清浄機「IG-HTA20」は、白熱電球の取り付け口に付けられる小型式。当然灯りもついています。トイレはニオイが気になる場所なので、空気清浄機の重要性が高い「場所」なのです。

　「おウチまるごとプラズマクラスター」サイトは、「おウチまるごと」を戦場として捉えた上で、各部屋（＝場所＝戦場）にあった「細く鋭い矢」としての空気清浄機を提案していく、という戦略を表わしているのです。

（3）人（顧客ターゲット）

次は、「人」すなわちお客様、です。

お客様によって「求めるもの」が違うから、「人」が変われば「違う戦場」となります。

セグメンテーションとどう違うのか、という疑問が浮かんだあなた、さすがです。

セグメンテーションは「求めるもの」が違うから分けて対応する、ということです。そして戦場も同じく「求めるもの」で分けられます。ですから戦場がうまく分けられると、セグメンテーションと重なるのです。

うまくできた戦場マップは、「戦場が決まると顧客が決まる」という関係になるのです。

「図10：マクドナルドの『戦場マップ』×顧客ターゲット」（140ページ）を再度ご覧いただくと、それがおわかりいただけるはずです。戦場によって競合が決まり、同時に顧客も決まっています。

となると、**「戦場」の選択は「顧客」の選択、すなわち「顧客ターゲットを決める」**ということになります。

例えばマクドナルドの場合、「休日の家族団らん戦場」を狙う、と「戦場」を決めた瞬間に、顧客ターゲットは「5〜10才の子供のいるファミリー」と決まります。「手早い朝食戦場」を狙うとなると、「通勤客」すなわち「朝出勤するビジネスパーソン」が主要な顧客ターゲットとなるでしょう。

ここまでの3つの戦場の切り口である

（1）使い方・TPO

（2）場所・立地（＝TPOのP）

（3）人（顧客ターゲット）

は、まとめれば「人（顧客ターゲット）×使い方・TPO」です。セグメンテーションの切り口と同じであることがわかります。

「戦場」と「顧客ターゲット」が重なるのです。これはBASiCSでは「戦場と顧客の一貫性」という言葉で表現されます。

戦場マップがうまく描けているかどうかのチェックポイントの1つが、「戦場を決めると顧客が決まる」という構造になっているかどうか、です。

なお、顧客セグメントごとに戦場マップを作った場合は、既に「人」が分かれているので、「人」は切り口とはなりません。

（4）価格帯

お客様が「選択肢」（＝競合）を決めるにあたって重要なのが「価格帯」です。お客様が選ぶ選択肢は、「予算」の制約を受けるからです。

逆に言えば、多くの場合、競合は「価格帯が近い商品・サービス」になります。

例えばカバンを買うとき、「4〜5万円で買えるものにしよう」などの予算をまず最初に決めるでしょう。そしてその中で「選択肢」を決めていきます。その予算に入らないもの、例えば50万円のバッグは（そのときは）「選択肢」に入らない（＝競合にならない）のです。

　価格帯が違うもの同士は、通常は競合しません。500円のソバ店と5,000円のソバ店は、同じソバ店でも競合しません。500円のソバ店は「手早い昼食」戦場で競合は牛丼、5,000円のソバ店はお客様の接待に使う「お客様の接待」戦場で競合は寿司店となるかもしれません。価格帯が変わると、「使い方・TPO」も変わるために競合しないのです。

(5) 売り場・チャネル

　売り場やチャネルも「戦場」になり得ます。

　コンビニや家電店などがチャネルとなる場合、自社商品・サービスの「隣」にあるものが直接の「競合」になります。アマゾンなどの通販サイトのページでも、「隣」に表示されているものが「競合」であることは多いでしょう。

　先ほどのエスプレッソティーは、紅茶という商品ながら「コーヒー」という違う「売り場の棚」を戦場として攻めに行った商品、といえます。

　ネット販売などの通販を新たに始めるというような場合、ネットは別の「戦場」になります。リアル店舗は通常「立地」の制約を受け、その場所の近くにいる人が必然的に顧客となります。競合も同じ立地にいることになります。ネット販売になると、顧客が全国・全世界へと一気に広がりますが、同時に競合も全国・全世界になります。

　BtoB（法人顧客対象のビジネス）では、今まで間接販売（販社や代理店を通した販売）だけだったのが、直接販売（エンドユーザーに直接営業に行く）をするというのも違う「戦場」となるこ

とが多いです。中間の販売者（販社や代理店）が求めるうれしさは「その商品・サービスを売って自分が儲かること」であり、エンドユーザーが求めるものは、施工性や使いやすさなどの商品・サービスが直接もたらすうれしさとなり、求めるものが変わることが多いからです。

（6）サイズ

大型や小型、などのサイズも「戦場」になり得ます。

例えば、洋服では「大型サイズの方向け」の通販カタログなども最近は見ます。大型サイズの方は、大きな服しか着られませんから、大きなサイズの服だけが「選択肢」になるわけです。

BtoB（法人顧客対象のビジネス）でも、例えば建設機械や農業機械では大型サイズを求める人は大型機の中から、小型サイズを求める人は小型機の中から選ぶ、ということになり、大型機と小型機は別の戦場になります。大型機は大きな現場で、小型機は小さな現場で使われるために、それぞれに「使い方」が違うのです。

このように、戦場には多くの切り口があります。

実際に戦場マップを描くときには、通常は上記の切り口の組み合わせになることが多いものです。

経験上よく使われる戦場の切り口を取り上げてきましたが、これだけではありません。

戦場マップは「お客様のアタマに浮かぶ選択肢」であるところの競合を表現するものですから、お客様がどのように選択肢を選んでいくか、が戦場マップを描く際のポイントになります。

業種業態、商品・サービスの特性などによっても切り口は違うでしょう。

「お客様がどのようにあなたの商品・サービスをどんな競合と比べながら選んでいくか」がわかれば、それがあなたが使うべき戦場の切り口です。

戦場マップのチェックポイント

戦場はお客様のアタマの中にありますから、戦場マップを描くということは「お客様のアタマの中」を再現するという、かなり難易度の高い作業です。

おそらく、本書を手にされた聡明なる読者さんであれば、描くこと自体は問題ないと思います。日頃同様なものをお描きになっていらっしゃるかもしれません。

難しいのは、その戦場マップが適切か、という「検証」です。描いた戦場マップが適切かどうか、というチェックポイントが以下になります。

（1）全体を俯瞰できているか

戦場マップは、戦場「全体」を表した上で、「どこを取りに行くか」と考えるものです。

ですから、ある程度の「全体」を表す必要があります。「ある程度の」と言っているのは、「精密に完璧に間違いのない」全体を描くことは不可能だからです。

いわゆる「モレ・ダブりのない状態」（ロジカルシンキングなどで言うMECE）であることが（ある程度）求められます。

「モレ・ダブりのない状態」というのは言葉どおりの意味です。先ほどのマクドナルドの「戦場マップ」で考えてみましょう。

まず、時間帯全体（＝戦場全体）では、モレもダブリもありません。平日の0～24時、土休日の0～24時以外に何か食べたり飲んだりする、という時間帯はあり得ないからです。

各個別戦場のモレ・ダブリについては少々微妙ですが、人が食べる・飲む時間としては、「おおよそ」朝食、間食、昼食、間食、夕食、夜食、というくらいでしょう。もちろん他にもあるでしょうが、「おおよそ」これでカバーできているでしょう。

そもそも完全に厳密に100％正確な戦場マップなどはあり得ませんから、「おおよそ」モレ・ダブリのない状態になっていればそれで構いません。

感覚値としては、8割程度「モレ・ダブりのない状態」であればそれで良しとすべきだと思います。「図8：食品・飲料・外食の戦場マップ」（134ページ）も、正確さはおおよそ7～8割程度だと思います。9割以上正確だとむしろ正確すぎる（＝作るのに時間をかけすぎている）感じがします。

なお、何をもって「全体」とするかは狙っている市場の大きさによって異なります。あなたが日本のマクドナルド全店について考える場合は、全日本の戦場マップを作ります。あなたが東京・池袋駅近くの1店舗の店長であれば、「全日本」ではなく、池袋駅周辺を全体とした戦場マップを作る方が良いでしょう。

（2）切り口がお客様のアタマの中とあっているか

戦場は「お客様のアタマの中に浮かんだ選択肢」を表すもので

すから、戦場の切り口はお客様のアタマの中とあっている必要があります。

　戦場マップは、「お客様から見て」適切なもの、同意できるものである必要があります。お客様から見て不適切な戦場マップに基づき作られた商品・サービスは、お客様のアタマの中とあわない（＝刺さらない）ということになります。

　例えば、お客様は「業種業態」で考えるとは限りません。マクドナルドの場合、お客様は「ハンバーガー業態」として考えません。

- コーヒーで一休みしたいけどどこに行こうか？　マクドナルドにする？　ドトールにする？
- 子供と昼食を食べに行きたいけどどこに行こうか？　マクドナルドにする？　それともファミレス？　回転寿司？

と考えるわけです。この場合、マクドナルドが同業の「モスバーガー」「ロッテリア」を主軸に戦場マップを描くと、お客様のアタマの中とあいません。そのような切り口は不適切です。

　戦場マップを描くときには、まずお客様が「何をいつどこでどう使うか」という使い方・TPOを調べましょう。それに基づいて描いた戦場マップはお客様のアタマの中とあいやすくなります。

　マクドナルドであれば、平日0〜24時、休日0〜24時の空白の表を作り、どんなお客様がどんな人と何時に自店に来て何を食べたか、というレジにある情報を整理していくのが先決です。

　カバンであれば、お客様に持っているカバンとそれを使うTPO、さらにはカバンに入れるものを尋ね、それを足し込んでいけばカバンの戦場マップができますね。

例えば、顧客ターゲットが独身有職女性であれば、

- 平日の朝：通勤用のトートバッグ　入れるものは……
- 平日の昼：営業用のパソコンバッグ　入れるものは……
- 平日の夜：通勤用のトートバッグ　入れるものは……
- 国内出張：機内に持ち込めるスーツケース　入れるものは……
- 異性とお出かけ：有名ブランドのハンドバッグ　入れるものは……
- 休日に1人で買い物：オシャレなリュック　入れるものは……

というようなことをお客様に尋ねたりアンケートするなどして確認していきます。それを100人から集めて足しこめば、かなり包括的な戦場マップができるはずです。

これを作ることで、

- **どんな人が（顧客ターゲット）**
- **どんな使い方・TPOで（＝戦場）**
- **どんなバッグを使っているか（＝競合）**

という、包括的な戦場マップができます。

カバンの値段をお客様に入れていただければ、市場規模も類推できるかもしれません。

（3）戦場ごとの競合の違いは明確か

　「戦場＝自社＋競合」ですから、戦場マップは「競合」の集まりという側面も持っています。

　「戦場」が変わるということは、「競合」が変わる、ということです。

　先ほどのマクドナルドの例がわかりやすいと思いますが、

- テイクアウト昼食戦場：競合はコンビニ・弁当店
- 夕食戦場：競合はレストラン・ファストフード
- コーヒーで一休み戦場：競合はカフェ・ファミレス

と、戦場によって競合がかなり異なっています。

　これは、「戦場」は「使い方」によって決まり、「使い方」によって「競合」が変わるからです。

　「戦場」がうまく切れていれば、「戦場」によって「競合」が変わるはずです。「競合」がみな同じであれば「戦場」を分ける必要がないかもしれません。

　競合の違いを検証する方法も、やはりお客様に確認するのがいいです。お客様に「使い方」を聞くときに、同時にそのときの「他の選択肢」を聞けば、「競合」がわかります。

　BtoB（法人顧客対象のビジネス）では「アイミツの相手」が競合になることが多いと思いますが、この場合は逆に、「どんなときにどんな競合と当たるか」を整理すると、戦場が見えてくることもあります。

（4）市場の規模感はわかるか

各戦場の「規模感」がわかることも大事です。

規模が（ある程度）わからなければ、そこが自社にとって適切な戦場かどうか、そこに新商品・サービスを投入して十分な売上や利益が得られそうかどうか、判断できません。

先ほどのポッカサッポロの「カップリゾット」の場合、「20〜30代の働く女性のオフィス内でのランチの主食」が「戦場」だったわけですが、この戦場の規模が十分に大きくなければ、新商品を投入する意味がありません。

厳密に正確な数字はわからなくても、「投入する意味がある」と判断できるくらいには正確な「規模感」は必要です。

規模感がわからない場合は、先ほどのような方法で推定していきます。

ここまでの4つのチェックポイントを満たしていれば、かなり良くできた戦場マップといえるでしょう。

感覚的な表現ですが、うまく描けた戦場マップには見たときに「なるほど感」「切れた感」があるものです。

戦場マップの例：使い方・TPOを軸にした戦場マップ

戦場マップの考え方についてご理解いただいたところで、ここからは戦場マップの例を見ていきます。万能の戦場マップはありません。例をご覧になりながら、ご自身の商品・サービスに合ったものをご自身で作る参考にされてください。

図11：有職内勤女性（独身者）のカバンの「戦場マップ」

	平 日	土休日
6：00	通勤 A4の書類が入る、無難なデザイン	TPO（いつどこに誰といくか、何を着ていくかなど）で変わる
10：00	会議室などへの移動	●繁華街などに異性とデート：服装に合わせた、オシャレなブランドバッグ
12：00	ランチに外出 スマホ・財布を持って出る	●一人で買い物に出かける：買うものに合わせたもの（大きい物を買うなら大型のバッグ、など）
14：00	会議室などへの移動	●旅行・海外出張：荷物の量・入れるものに合わせる。旅行の場合はデザインは自由だが出張の場合は、それなりにビジネスにふさわしいデザインを選ぶ
18：00	通勤 A4の書類が入る、無難なデザイン	
23：00	帰宅してスポーツジムへ 防水で荷物がたくさん入るもの	

©Yoshinori Sato

　BtoC（個人顧客対象のビジネス）の場合は、先ほどのマクドナルドのように使い方・TPOをまずは軸にするとよいと思います。

　カバンの場合は、**図11**のようになるでしょうか。カバンは顧客ターゲットによってTPOが変わりますので、ここでは「有職内勤女性（独身者）」を顧客ターゲットと置いてみます。

　「平日」（ビジネス）か、「土休日」（カジュアル）か、で選ぶデザインは全く変わります。平日はビジネスにふさわしいデザインのカバンを選ぶでしょうし、休日は洋服や好み次第で派手目なものでもよいでしょう。

　第1章で紹介したマッキントッシュフィロソフィーの「スマホ

図12：戦場を区切って「細く鋭い矢」を放つカナナプロジェクト

海外旅行		**通勤**
旅行へ出発	機内持ち込み可能な大型バッグ「カナナマイトローリー」	自転車通勤で使え、A4の書類が入るバッグにも変身する2ウェイ通勤バッグ「アクティブリュック」
飛行機の中	座席にかけたりして手元に置ける「カナナポケット」	**パーティ・お呼ばれ**
街歩き・レストランへ	両手が空き、リュック背面に盗難防止用ポケット「カナナリュック」	エレガントなデザインにして、ちょっとしたパーティに使える「カナナユリリュック」

ポシェット」は、平日の昼間の「ランチに外出」戦場を狙って出されたものですね。

　次に、エースのカナナプロジェクトが考える戦場マップを推定してみます。カナナプロジェクトは、「海外旅行」「お出かけ」という具体的な使い方・TPOを軸に商品ラインナップを組み立てています（**図12**）。

　カナナプロジェクトが狙う主要なTPOである「海外旅行に行く」という場合について考えてみましょう。

　ひとくちに海外旅行といっても、①パッキング・移動→②飛行

機の中→③街歩き・レストランに入る、と色々なTPOがあります。カナナプロジェクトはそこまで戦場（＝使い方・TPO）を区切って商品を作っています。

①パッキング・移動

　ここの主役は、もちろんスーツケースです。もともとエースはスーツケースに強いメーカーですが、カナナプロジェクトでもかわいいスーツケースやトローリーが用意されています。

②飛行機の中

　海外旅行では、飛行機の中で過ごす時間がけっこうあります。時間つぶしの道具はもちろん、女性の場合、乾燥する機内ではスキンケア用品なども必須。

　そのTPOに向けられた製品が「カナナポケット」という小型のバッグ。

　　『ポケットが少ない服を着ている時でも、身の回りのものを「ポケット感覚」で持ち歩けるポケット。「長時間持っても疲れにくい」「乗り物の座席に掛けておける」など、旅先でうれしい工夫がたくさんあるショルダーバッグシリーズです』
　　（エースHP http://www.kananaproject.com/lineup/）

　まさに「持ち歩くポケット」という発想です。「乗り物の座席に掛けておける」という、すさまじく具体的なTPOを目指して開発されていることがわかります。

　カバンは服（＝TPOのO）で決まります。ポケットがない服

を着ているときには、ポケット代わりのカバンが必要なんです。

③街歩き・レストランに入る

　カナナプロジェクトは、もともと「海外旅行での街歩き」という具体的なTPOに向けて始まりました。

　海外旅行で一番楽しいときが、ふらっと街歩きをし、レストランを見つけて入るようなとき。

　街歩きなので、両手が使えるリュックが便利。ガイドブック、傘、ペットボトルなどを入れて身軽に街歩き。しかしオシャレなリュックがない……という竹内海南江さんの課題意識から作られたのが「カナナリュック」。ちょっとオシャレなレストランにもそのまま入っていけるデザインです。

　ただ、リュックは背中に背負うため、目が届きにくいです。スリなどが多い場所ではバッグを後ろから勝手に開けられたりすることもあるかもしれません。

　そこで、「カナナリュック」は背中に接する背面にパスポートなどの貴重品を入れるスペースがあります。背中に接している部分ですので盗まれにくく、何かあってもすぐにわかります。

　これは非常に気の利いた発想ですが、TPOを絞っているからこその具体的なアイディアです。

　このように、海外旅行の中でもTPOは色々とあります。TPOで分けた上で、それぞれのTPOに対して「細く鋭い矢」を放っているのです。

　そして……「第2章　2　戦場は変化している」（128ページ）での男性通勤用のバッグで「自転車通勤」などの使い方が表れ、戦場が変わっているという話を思い出してください。

女性も同じです。実はカナナプロジェクトはこの戦場に対しても細く鋭い矢を放っています。

2009年に「アクティブリュック」を発売しました。その開発意図は……

> 『自転車通勤で使える"大人のランドセル"があったら便利！』との竹内さんのアイデアで「アクティブリュック」を開発。通勤や習い事に使えるA4書類サイズに設定しました』
> （エースHP　http://www.kananaproject.com/history/）

TPOが通勤なので、ブラックやベージュなどの無難な色のラインナップが中心です。そして、仕事に使いますから「A4の書類」が入ることは必須。これも具体的なTPOに合わせています。

さらに2015年には、全体のデザインをエレガントな方向に振った「YURIシリーズ」を発売。

YURIシリーズの「カナナユリリュック」は、『毎日はもちろん、ちょっとしたパーティーやお呼ばれにも持てるように、すっきり上品なデザインに仕上げました』（http://www.kananaproject.com/lineup/yuri_ruck/）と、ちょっとしたパーティというTPOに向けたリュックです。

第1章でカバンの選び方は、

T・P：いつ、どこに持って行くか

O：何を入れるか・何を着ているか

で決まる、ということを見てきました。カナナプロジェクトは、まさにそのとおりのTPOに合わせた商品展開をしているわけです。

この商品展開の構造は、先ほどのマクドナルドと全く同じロジックです。お客様の行動を細かく分類し、それぞれのTPOに特化した「細く鋭い矢」を個別に放っているのです。

150万個以上売れているカナナプロジェクトは、万人に同じものが売れているわけではないのです。

絞られた顧客に対しての、「個別のTPOに刺さる細く鋭い矢」の積み重ねとしての150万個なのです。

戦場マップの例：使い方×場所を軸にした戦場マップ

次は、使い方・TPOに、「場所」という切り口を加えた戦場マップの例です。サービス業の事例です。

英会話のNOVAが「NOVAバイリンガルスクール」という新しいタイプの幼児向け英会話教室を始めました。

『英会話教室「NOVA」を運営するNOVA（東京・港）が新形態の子ども向け英会話サービスを始めた。主に2〜6歳向けの週5日の集中レッスンで「英語漬け」の環境を提供する』『料金は2歳〜3歳半向け、週5回1日あたり6時間で月17万586円』『まず、教育熱の高い滋賀県栗東市に「NOVAバイリンガルスクール」1号店を開いた。0〜12歳向けで昨年末時点で40人が入会した』(2017/01/16 日経MJ P.4)

私自身も4才の幼児の娘を持つ英語教育に相当熱心な親で、この「子供向け英語教室」戦場は個人的に顧客として調べたことがあります（私もアメリカに2年いて、TOEIC975点で英語はそこそこできますから、この市場ではリードユーザーです）。私の個

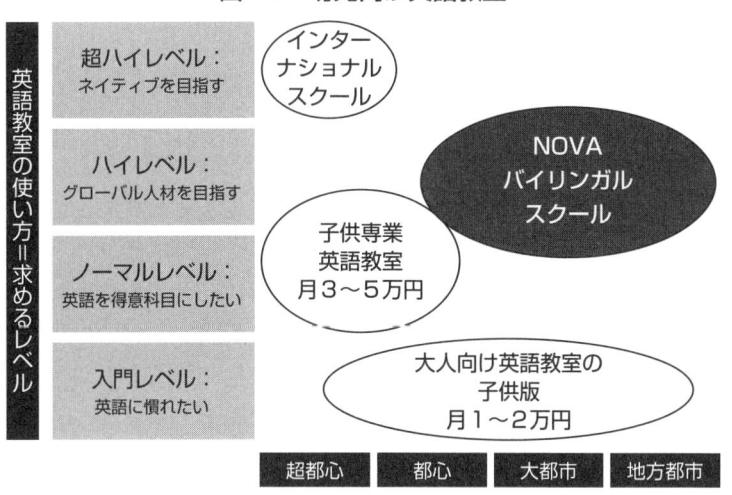

図13：幼児向け英語教室

©Yoshinori Sato

人的な観察・経験だとお考えください。

　タテ軸には英語教室の「使い方」として、英語教室に求めるレベルを、ヨコ軸には物質的な意味での「場所」を取りました（遠いと通えませんから、立地の制約を受けます）（**図13**）。

　「入門レベル」の教室はいくらでもあり、大手スクールが同じような授業を提供しています。まずは英語に慣れることを目的とし、週1回「英語の歌を一緒に歌いましょう、踊りましょう」というレベルです。幼児が英語に慣れるには良いです。

　都心部（東京だと山手線の内側）には、もう少し上の「文法などの入門」レベルも含めて英語で教えてくれる「ノーマルレベル」の教室が存在します。都心部には結構ありますが、東京だと山手線の外側に行くと探すのが難しくなります。私の娘は現在こ

のような教室に通っています。

最上位には「超ハイレベル」のインターナショナルスクールがあります。英語だけが使われる幼稚園のようなものですね。金額も高額ですが、何より、数が限られます。あるのは、超都心部（東京都港区など）など本当に一部。

戦場マップを見ると、「超ハイレベル」と「ノーマルレベル」の間くらい、ここでは「ハイレベル」と呼ぶことにしますが、そこに「空白」があるんですね。そして「場所」としても都心部以外には「ハイレベル」はもちろん「ノーマルレベル」の選択肢もあまりないんです。

NOVAバイリンガルスクールは、この「空白の戦場」を狙ったわけです。

ここが、お客様の需要がないから「空白」なのか、需要があるにもかかわらず供給がないから「空白」なのか、はまだわかりません。だからNOVAも「とりあえず1校開いてみる」というテストマーケティングをしているのでしょう。

娘の友人のご両親たちと話しているかぎりでは、「都心部」、すなわち東京では、豊島・文京・新宿・渋谷・品川・世田谷などには「ハイレベル」の需要がありそうに思います。この戦場においては、「場所」が重要な切り口になりそうです。

戦場マップの例：BtoBのチャネルを軸にした戦場マップ

BtoB（法人顧客対象のビジネス）の場合は、「チャネル」が戦場になることもあります。特に商流が長い場合は、エンドユーザーにどこまで近づくか、によってお客様が求めるものが変わります。

図14：BtoB：リフォーム建材

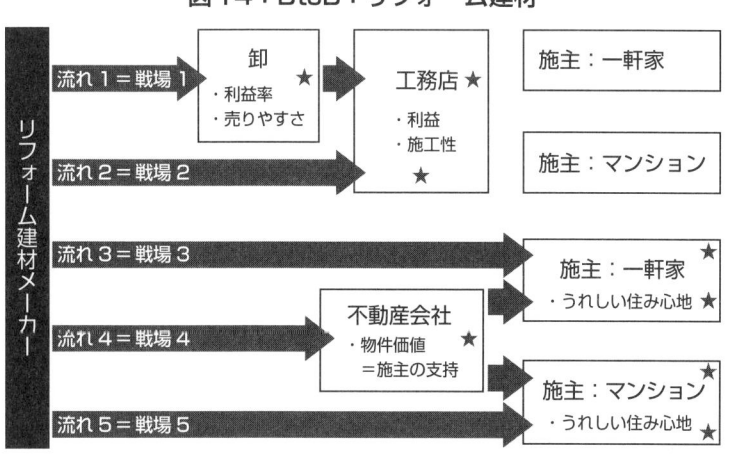

★：それぞれの流れ（＝戦場）における意思決定者

©Yoshinori Sato

　そしてどの「商流」を選ぶか、という「流れ」自体が戦場となることが多くあります。

　例えば、一般住宅のリフォームに使われる建材で考えてみましょう。わかりやすいのは壁紙などですね。

　実際にはもっと商流は長いですが、**図14**ではかなり簡略化しています。

　卸に売る「流れ1＝戦場1」では、その後の商流が長く売りっぱなしになってしまうことがあります。メーカーには誰がどこで使うかわからない、となるわけです。このような場合は、いかに自社が施主（＝エンドユーザー）がうれしい建材を作っていても、情報が施主まで伝えにくく、結局「価格」が重要なポイントとなりやすいです。

それでは価格競争になり儲からないからと施工を行う工務店に直接売る、という「流れ2＝戦場2」を選ぶと、工務店にとって大事なのは「施工性」になることが多いです。2018年現在大変な人手不足で、「新人でも作業ができる」というような施工しやすい建材を作ると工務店には刺さりそうです。

　通販などで施主（この場合は家に住む一般消費者）に売る、というやり方もあり得ます（「流れ3＝戦場3」「流れ5＝戦場5」）。これはBtoC（個人顧客対象のビジネス）への進出となりますが、このときに大事なのはもちろん施主への使い方・うれしさの提案力です。

　不動産会社と組む、というような手もありそうです（流れ4＝戦場4）。施主が喜ぶ（＝少し高いお金を払う）ようなオリジナル建材を開発できれば、不動産会社にとって最重要である「施主にとってのうれしさ」づくりに貢献でき、物件価格が上がったり、入居率を高めたりできます。この戦場に向けて商品を作る場合も、施主のうれしさを中心に考えると良さそうです。

　流れ3〜5（＝戦場3〜5）では、施工しにくくても問題になりません。施工する工務店は嫌がるでしょうが、施主が「この建材を使ってください」と指定すれば、工務店が断ることは通常はできないからです。

　このように、BtoBでは「流れ」によって意思決定者が異なり、それぞれに求めるものが違うことがわかります。

　どの「流れ」（＝戦場）を選ぶかで、どんな建材を作ってどう売るべきかが変わるのです。

戦場マップで全体を描き、その中で自社が戦いたい戦場（全体から見れば一部分）を切り取り、そこに向けて新商品・サービスを考えていく、というやり方をここまで見てきました。

戦場マップ全体の中で、部分としての戦場は色々とあります。では、その中でどの戦場を選べばよいのでしょうか？

戦場マップの締めくくりに、「戦場の選び方」を解説します。

戦場を選ぶ基準は3つあります。

(1) 儲かるか：市場の魅力（顧客、戦場・競合）

(2) 勝てるか：自社の競合優位（強み、独自資源）

(3) やりたいか：顧客・従業員との約束

1つ1つ見ていきます。

（1）儲かるか：
市場の魅力（顧客、戦場・競合）は十分か

まずは、選んだ戦場が儲かるか、すなわち十分な利益が上げられるかどうか、です。これは、「顧客」と「競合」でチェックされます。

市場規模は、「顧客」と「戦場」で決まります。顧客の「買上金額」と、戦場（＝自社＋競合）における「売上金額」は必ず等しいです。

○**市場規模＝顧客の買上金額＝自社＋競合の売上金額**
　　　　＝客数×客単価

となります。

市場規模が大きい方が売上の「取り先」も大きいでしょうが、価格競争が激しいような場合は儲かりません。価格競争が起きるかどうかは、まさに「顧客」と「競合」次第。

そして、「利益＝売上金額×利益率」ですから、

○利益＝市場規模×利益率＝客数×客単価×利益率

となります。

また、市場の成長率も重要です。伸びている戦場の方が戦いやすいことが多いです。

これらの要素を考え、「儲かるか？」について判断します。

（2）勝てるか：
##　　 自社の競合優位（強み、独自資源）はあるか

いくら「儲かる」戦場でも、自社が勝てなければ意味がありません。

競合に対して「勝てるか」、という要素も重要です。

ここは、このあとの第3章〜第4章で見ていく「強み」と「独自資源」ですね。

・強み：お客様が競合ではなく自社を選ぶ理由は作れるか？
・独自資源：その強みはカンタンにマネされないものか？

というチェックをしていきます。

　例えば、マクドナルドで考えてみます。外食の戦場マップ
（**図8**、134ページ）にある「リッチな食事」戦場（土休日の夜）
は、おそらく「儲かる」戦場です。特に客単価は高そうです。

　が、ここでの競合は、それなりに豪華・高価なレストラン。そ
こでマクドナルドが勝てるかというと、多分勝てません。マクド
ナルドが高級和牛を使った2,000円のハンバーガーを出したとし
て、結婚記念日にマクドナルドに行きますか？

　マクドナルドがやるとしたら、名前を変えて別業態にしないと
「勝てない」でしょう。

（3）やりたいか：顧客・従業員との約束を守れるか

「儲かる」そして「勝てる」というチェックをクリアしても、そ
れではまだ不十分です。儲かって勝てたとしても、行ってはいけ
ない戦場があります。

　それは、顧客や従業員の期待、さらに言えば「約束」を裏切っ
てしまう場合です。顧客からすると「やってほしくない」、従業
員からすると「やりたくない」というようなときですね。

　マクドナルドが「ちょい飲み」戦場を狙ってよいでしょうか？

　ビールだけ仕入れて、ポテトとナゲットにコップ1杯のビール
で「夜のハッピーセット」という新商品を390円で出せば、「儲か
る」し「勝てる」感じがします。

　大人気になり、夜は酔客であふれるでしょう。

　だからこそ、やるべきではないんです。

　マクドナルドの極めて重要な顧客ターゲットは「子供」です。
「マクドナルドは子供の味方」というのが顧客との「約束」で

す。18時や19時に塾帰りの小学生が夕食を食べにマクドナルド
に来たとして、そこで酔客に絡まれでもしたら、小学生はどう思
うでしょうか？

「夜のハッピーセット」は「マクドナルドは子供の味方」とい
う約束を全力で破ってしまうんです。

約束を破ったら失望されるのは、個人でも企業でも同じです。

顧客や従業員の期待に反したり、約束を破るような戦場には、
儲かって勝てたとしても行くべきではありません。

戦場の選び方は3つ。「儲かるか」「勝てるか」「やりたいか」
は、シンプルでわかりやすい基準ですね。

この3つは実戦で極めて役に立つ判断基準ですので、ぜひ覚え
てください。

この3つの基準での意思決定は、カンタンそうに見えて非常に
難しいです。「儲かって」「勝てて」「やりたい」ことであれば、既
にやっているはずです。

現在やっていないことは、この3つのどこかに課題があるはず
です。

戦場の選択には「正解」はありません。この3つの要素を考え
ながら行う、かなり高度に戦略的かつ難しい判断です。

難しいからこそ、シンプルな言葉を使う必要があります。難し
いことを難しい言葉・やり方でやろうとすると、間違える確率が
高まります。難しいことこそ、シンプルな表現・やり方を使うべ
きです。

「競合優位の創造・維持は可能か」という小難しい表現は、ピ
ンと来ません。それは「競合優位」と言葉の理解・解釈に脳のエ
ネルギーを奪われるからです。それより「勝てるか」という小学

生でもわかる表現を使うべきです。脳のエネルギーは、言葉の理解より「勝てるかどうかを考える」ことに使われるべきです。

　「マネされないか」も同じです。「競合による模倣の容易性」と表現するとピンと来ないので、実戦においては使うべきではありません。

　「競合による模倣の容易性」と表現した方がお勉強した「気分」にはなれるかもしれませんが、タイトルにもあるとおり、本書は「実戦」の書です。

　「表現の難易度」と「実戦の難易度」は全然違うことです。「儲かるか」「勝てるか」「やりたいか」というチェックの「表現の難易度」は非常に低いですが、「実戦の難易度」はかなり高いです（「言うはやすし、行うは難し」ということですね）。

　難しいことを考えるときに、難しい言葉を使ってはいけません。商品開発というただでさえ難しいことをやろうとしているときに難しい言葉を使うと、「間違える確率」をわざわざ上げることになります。

　商品開発のような「実戦」においては、「儲かるか」「勝てるか」「やりたいか」というようなシンプルな表現を使うべきだと私は思います。このスタンスは、本書全体を通じて（というよりも私の著作全てにおいて）貫いているつもりです。

第2章　戦場・競合は使い方で決まる

1　競合は誰か＝何を代替しにいくか

- 戦場＝価値・うれしさ＝使い方・TPO
  ＝代替選択肢の集合＝競合

- 競合は業種業態ではなく価値・うれしさ（＝使い方・TPO）で決まる

- どの戦場・競合を狙うか＝どの使い方を狙いにいくか

- 全く新しい「戦場」は存在しない。新技術でも既存の「使い方」を代替する

- 他業種を狙えば、取り先は無限。「使い方」が同じ他業種を狙おう

2　戦場は変化している

- 使い方・TPOが変わるときは、「戦場」が変わるとき

- 新しい「使い方」を提案できれば、新しい「戦場」が生まれる

3　「攻めるところ」を決める戦場マップ

- 「戦場」全体を俯瞰する戦場マップを作ると攻めるところが見える

- お客様は個別の使い方で個別に意思決定するから「細く鋭い矢」が必要

- 顧客ターゲットによって、戦場は変わる

- 戦場の「規模」を推定して攻めるところを決める
  求められる数字の正確さは、「意思決定できるレベルの正確さ」で構わない

- 戦場マップの上で狙う所を決め、そこに「細く鋭い矢」を放つ

4　戦場マップの描き方

- ●戦場マップの切り口
  1）使い方・TPO
  2）場所・立地（＝TPOのP）
  3）人（顧客ターゲット）

  　人×使い方・TPO
  　＝セグメンテーションの
  　　切り口と同じ

  4）価格帯
  5）売り場・チャネル
  6）サイズ　　　　　など

- ●戦場マップのチェックポイント
  1）全体を俯瞰できているか
  2）切り口がお客様のアタマの中とあっているか
  3）戦場ごとの競合の違いは明確か
  4）市場の規模感はわかるか

- ●戦場の選び方
  1）儲かるか
  2）勝てるか
  3）やりたいか

New Product Development Strategy

使い方にあった
強みを作ろう

1 | 強み＝お客様が競合ではなく
自社を選ぶ理由

「強み」は「お客様が競合ではなく自社を選ぶ理由」

ここまでの第1章〜第2章は、「使い方中心の商品開発3ステップ」のステップ1でした。

ステップ1　お客様の使い方を考える：「顧客」「戦場・競合」
　第1章　Customer：顧客　お客様の使い方を把握する
　第2章　Battlefield：戦場・競合　その使い方における代替
　　　　　　　　　　　　　　　　　　手段・競合を知る

いよいよ第3章から、『ステップ2　「使い方」にあった「強み」を作る』に入ります。

第1章では「顧客」と「使い方」を考えました。第2章では、「使い方」で「競合」が決まる、ということを見てきました。

第3章は、その競合に「勝てる」商品・サービスを考える・作る、ということになります。

商品開発において「勝つ」とは、「現在の代替手段（競合）ではなく、自社が開発した新商品・サービスをお客様に選んでいただく」ということです。

その「お客様が競合ではなく自社を選ぶ理由」が「強み」です。

完全に全く新しい「戦場・競合」は（ほとんど）ない、ということは第2章で既に見てきたとおりです。つまり、売り手が「新しい」商品・サービスを出しても、お客様には既に何らかの代替手段を使っているわけです。

その「代替手段」すなわち「競合」ではなく、自社の新商品・サービスを選ぶ理由を作れなければ、お客様は買わないのです。

現在の代替手段と全く同じ商品・サービスを出す「二番煎じ」は、価格競争になります。全く同じなのであればお客様は安い方がいいからです。安いことが強みになる、と言ってもいいです。

ですから商品開発においては、今までの競合・代替手段にない「新しい強み」をどう考えるか・作るか、というのが重要なポイントになります。

強みは「性能の差」ではなく「うれしさの差」

商品開発で「強み」を考える際に、注意すべきは2点。

1点めは、競合との「機能・性能の差」ではなく「うれしさの差」を作る、ということ。「強み」は「お客様が競合ではなく自社を選ぶ理由」であり、選ぶ理由となるのは「うれしさの差」です。競合にはない「独自のうれしさ」ということです。

商品開発でよく見るのが「性能」や「品質」を強化するということ。例えば、通信業界では「通話品質」という言葉を使います（私もこの業界にいたことがあります）。スマホの音声が今より2倍クリアに聞こえるとして、あなたは「うれしい」ですか？　あまり意味がありませんよね。相手と会話できるくらいに聞き取れれば十分、つまり通話品質を改善しても、それに対してお金を払うような大きな「うれしさ」にはつながらないんです。

「性能や品質の差」が「うれしさの差」につながるのであれば必死でやればいいと思いますが、そうでないのであれば、それは「無価値な競争」です。

もう1点は、競合と比べて「意味のある差」か、ということで

す。携帯電話が一時期「薄さ」「軽さ」競争になっていたことがありました。確かに「軽さ」はうれしいかもしれませんが、「うちの方が0.01グラム軽い！」と言ったところで、それは「意味のある差」でしょうか？　おそらく誤差の範囲。それが「競合ではなく自社を選ぶ理由」として十分大きいのか、というチェックも必要です。

まとめますと、商品開発において「強み」を作るということは、自社の新商品・サービスを選ぶ理由となるような、競合との「十分に大きなうれしさの差」を作る、ということです。

プラスのハサミ、フィットカットカーブの強みは刃先がカーブし、「切りにくいものでも軽い力で切れる」ことです。

> 『根元から刃先まで切断に最適な刃の開き角度（約30°）を常に保つゆるやかなカーブを持った"ベルヌーイカーブ刃※2"を新開発。刃の角度が常に一定なので刃の根元から刃先まで切る物をしっかりキャッチし、てこの原理を最大限に利用して 従来品比約3倍の切れ味の軽さを実現しました』

（プラスニュースリリース　https://www.plus.co.jp/news/201112/000881.html）

厚紙や段ボールなど、「切りにくいものでも軽い力で切れる」という競合にはない「独自のうれしさ」を創ったのです。

「刃先がカーブしている」という「商品特徴」は、あくまで「商品特徴」であって、強み（＝うれしさの差）ではありません。

強みは、「お客様が競合ではなく自社を選ぶ理由」であり、お客様にとってのうれしさ、です。「刃先がカーブしている」とい

う商品特徴が、「切りにくいものが切りやすい」といううれしさを実現するわけです。

- 独自の商品特徴（モノが主語）：
  この「ハサミ」は刃先がカーブしている
- 独自のうれしさ（お客様が主語）：
  お客様が「切りにくいものでも軽い力で切れる」

という関係ですね。この2つが揃って初めて「強み」（＝お客様が競合ではなく自社を選ぶ理由）となるわけです。

「使い方・TPOにあった強み」を作ろう

「価値は使い方に現れる」というのは本書の中核テーマ。お客様は使うために買うのです。そして「強み」は競合にはない「独自のうれしさ」です。

ですから、強みはある「使い方・TPO」における「独自のうれしさ」ということになります。

フィットカットカーブは、厚紙などの「切りにくいものを切る」という「使い方」に合わせて「刃先がカーブしている」という商品特徴にし、「切りにくいものが軽い力で切れる」という今までになかったうれしさを作ったわけです。

薄い紙を切る、という「使い方」においては、「切りにくいものが軽い力で切れる」ことは無意味、普通のハサミで十分です。「切りにくいものを切る」という「使い方・TPO」に合っている強みであることが重要なのです。

第1章から紹介しているエースの「カナナプロジェクト」は、

海外旅行中に『レストランやホテルに持って入れる素敵なリュックがあったら…』という、カバンの「使い方・TPO」にあった強みで人気になっています。強みはもちろん「オシャレなデザイン」と「使いやすさ」の両立です。

　例えば「カナナリュック」には、背中に接する背面にパスポートなどの貴重品を入れるスペースがあることは紹介しました。さらに、メインファスナー（大きく開ける部分）には、「セーフティロック」という機能がつき、すぐには開けられない安全な構造になっています。リュックはどうしても背中に目が行き届かないので、後ろからいきなり荷物を開けられて中身を取られないか、という不安を解消するものです。

　私は海外でリュックを使うときには同じ理由でファスナーを「ダイヤルロック」で留めるのですが、見た目が犠牲になります。見た目はキレイで、かつ海外旅行という「TPO」に合った機能（高い安全性）がカナナリュックの「独自のうれしさ」になっているわけです。

　ここで、戦場・競合＝使い方・TPOですから、「使い方・TPO」が変わる、ということは「戦場」が変わる、ということです。

　そして「戦場」が変われば求められる「強み」が変わります。

　「国内旅行に使うバッグ」戦場では「高い安全性」はそれほど求められないでしょう。そもそもパスポートを持ち歩きません。

　しかし「海外旅行に使うバッグ」戦場では、「高い安全性」は極めて強力な「強み」になるのです。

　「使い方・TPOにあった強み」というのは、「戦場にあった強み」ということでもあるのです。「使い方・TPOにあった強み」を作れば、必然的にそれは「戦場にあった強み」になるのです。

BtoB（法人顧客対象のビジネス）でも同じです。

「栗」の新商品（新品種）の話です。栗のケーキである「モンブラン」などに使われる栗は、ケーキメーカーなどに販売するBtoBです。この戦場は中国産の栗が強いそうですが、そこに向けて国産栗の新品種「ぽろたん」が開発されました。

『クリのケーキ「モンブラン」や栗きんとんなどに代表されるようにクリはスイーツに人気の食材として底堅い需要がある』
『農研機構は2007年、渋皮のむきやすさが特徴のニホングリ「ぽろたん」を開発した。ニホングリは堅い皮の内側で実にへばりつく渋皮がむきにくく、扱いにくい一因になっている。中国産のクリは渋皮がむきやすいため見た目や扱いやすさを重視する商品に使いやすい。ぽろたんは名前どおり、渋皮がぽろっとむけ、渋皮はむきにくいという常識を覆した。中国産の強みを狙い撃ちにして開発されている』
(2017/04/03 日経MJ P.18)

『農研機構』は国立研究開発法人農業・食品産業技術総合研究機構のことで、品種改良など、農業に関わる支援を行う公的機関です。

この場合の栗の「使い方・TPO」は、「モンブラン」というケーキの「部品」です。しかもケーキの見た目として極めて重要な部品です。

栗の味がどんなによくても、むきにくく形が崩れたら「ケーキの部品」という使い方においては使い物になりません。この使い方で求められているのは「扱いやすさ」なのです。

そこで、「扱いやすさ」を改良したのが新品種「ぽろたん」というわけです。生産量はまだ少ないようですが、近年色々な取組が行われています。

　　『鳥取県琴浦町では「琴浦の栗ぽろたん祭り」を開催している。ぽろたんを使った焼き菓子やようかんを販売する。「開始1、2時間前から店の前に行列ができる」（琴浦町農業委員会）という』（2017/04/03 日経MJ P.18）

　この祭りは2017年も開催されました。加工しやすいという強みがあるからこそ『焼き菓子』などに使われるのでしょう。
　ただ、このままだと中国産のクリと扱いやすさにおいて「並んだ」だけです。強みは「お客様が競合ではなく自社を選ぶ理由」ですので、競合に並んだだけでは、価格勝負になります。
　ぽろたんの強みは、「中国産」に対して「国産」と言えることです。「中国産」のものがすべて悪いわけではないでしょうが、2014年に起きた中国産鶏肉の問題（期限切れの鶏肉や衛生状態のよくない鶏肉が出荷され、大騒ぎになりました）などもあり、消費者の印象はあまりよくありません。ケーキメーカーにとっては「高級な国産栗を使ったモンブラン」といったメッセージが出せるわけですから、それがぽろたんの「強み」になり得ます。
　BtoB（法人顧客対象のビジネス）でも、「お客様の使い方に合わせた強みを作る」ことの重要性は同じなのです。

「戦場マップ」の上に強みを書いて、戦うべき戦場を選んでいこう

「使い方・TPOにあった強み」は、「戦場にあった強み」となります。ということは、第2章で描いた戦場マップの上に、自社の「強み」を加えていけば、戦場マップの上で、

・戦場・競合（＝使い方・TPO）

・顧客

・強み

という戦略の中核3要素が描けることになります。

図10：マクドナルドの「戦場マップ」×顧客ターゲット（140ページ）を再度ご覧ください。この中で「休日の家族団らん戦場」にズームしていきます。

この戦場は戦場マップ上で、

戦場：休日の家族団らん戦場

競合：ファミレス・回転寿司

顧客：子供のいるファミリー

となっています。

ここに向けてマクドナルドが放った「細く鋭い矢」が、「ハッピーセット」というおもちゃつきメニュー、それと「プレイランド」という子供の遊び場、ですね。それを戦場マップに書き加えていきます。

```
戦場：休日の家族団らん戦場
競合：ファミレス・回転寿司
顧客：子供のいるファミリー
強み：ハッピーセット・プレイランド
```

となります。ここは一貫性があり、うまく刺さりそうです。

今度は「夕食戦場」にズームしていきます。この戦場は、戦場マップ上で

```
戦場：(平日の) 夕食戦場
競合：レストラン・ファストフード
顧客：夕食を手軽に取りたい人
```

となっています。ここにマクドナルドが放った矢が「夜マック」の「プラス￥100でパティが倍に」というサービス。それを戦場マップに書き加えます。すると、

```
戦場：(平日の) 夕食戦場
競合：レストラン・ファストフード
顧客：夕食を手軽に取りたい人
強み：倍マック (プラス￥100でパティが倍に)
```

となります。

ここは、「顧客」と「強み」の一貫性が少し気になります。顧客は「夕食を手軽に取りたいが、同時にボリュームを求める10〜

20代男性」などとした方が、「強み」との一貫性が出そうです。
そうだと思えば、戦場マップを書き直します。

　そして各戦場ごとに「強み」を書き加えたら、「1）儲かるか」
「2）勝てるか」「3）やりたいか」という戦場を選ぶ3つの基準で
戦場に優先順位をつけていくのです。

　このように、戦場マップの上に「強み」を書き加えると、「戦
場・競合」「顧客」「強み」の3要素が一覧でき、戦場全体におけ
る「戦い方」が考えやすくなります。

　戦場や顧客を選ぶ際に「強み」を同時に考えていけますから、
「戦うべき戦場」が選びやすくなります。このやり方は実戦的な
手法としてお勧めです。

2 ｜ 振り切った強みを作ろう

強みを振り切る：戦場における「明確な1番」を狙おう

　「強み」は、「お客様が競合ではなく自社を選ぶ理由」であり、
競合にはない「独自のうれしさ」ですから、「競合と比べて」とい
うことになります。

　例えば、「○○が15％アップ」（○○は処理速度でもおいしさで
も何でもいいです）というような、「既存の何かを改善する」よ
うな新商品・サービスの場合、「15％アップ」は何らかの比較対
象があるわけです。

　別にそれが悪いわけではなく、今までよりもうれしさがアップ
していれば、それは素晴らしいことです。

　ただ、目指すべきは、誰が見ても、絶対に、間違いようのない

「明確な1番」となるような「強み」を作ることです。

つまり、今までなかったような「振り切った強み」を作ることです。

「15%アップ」ではダメなのかと言われそうですが、15%というのは差を感じるかどうかの微妙なラインです。15%アップは売り手としては「劇的な改善」でも、お客様から見れば「誤差の範囲」に入る可能性があります。「15%の違いのためにわざわざ買いなおすか、取り換えるか」というと微妙な線、ということです。

感覚的な目安としては、2〜3倍違うと「違う！」となります。

すべての競合商品に対して、ある1点において2〜3倍の「うれしさの差」が提供できていれば「明確な1番」と言えるでしょう。

「3倍」をイメージしやすいのは飲食店の「デカ盛り」ですね。

15%増量だと「多い……のかな？」くらいでしょうか。わかる人はわかるでしょうが、わからない人にはわかりません。

「3倍！」だと、誰が見ても、間違いなく「うわ、多い！」となります。3倍違うと誰が見ても明確に差がわかり、「振り切れている」というわけです。

ずっと例として使ってきているフィットカットカーブは……

『新開発カーブ刃で切れ味が約3倍に！』（プラスHP　https://
www.plus.co.jp/news/201112/000881.html）

と、やはり3倍です。3倍違うと「明確な違い」が感じられるわけです。実際、フィットカットカーブの切れ味は他のハサミと比べて明確に違います。

「そりゃそーだけど、2〜3倍なんてムリ」と言われるのであれ

ば、「はい、だからこそやりましょう」と申し上げます。あなたが
そう思っているのであれば競合もそう思っています。だからこそ
やるべきなのです。競合と同じことをやっていて、差別化できる
はずはないのです。

それに、やり方次第では意外とできるかもしれません。

ここからは、「振り切った強み」をどう作っていくか、を見て
いきましょう！

振り切った強み1）「うれしいところ」を3倍にする

「振り切った強み」の作り方その1は、「うれしいところ」を3
倍にする方法です。

すべての側面において「3倍」は難しいでしょうから、どこか
1点に特化して振り切る、ということになります。

もちろん、「3倍にするとお客様がうれしいところ」を3倍にし
ます。直接的な言い方をすれば、「お客様がお金を払いたいとこ
ろ」を3倍にするのです。

3倍にしてもうれしくないところを3倍にしてもあまり意味は
ありません。

例えば、フィットカットカーブが色のバリエーションを「3倍」
にしてもあまりうれしくないですよね……服ならともかく、ハサ
ミにそれはあまり求めないでしょうから。

コンビニのローソンが2009年に放った大ヒット商品に「Uchi
Cafe SWEETSプレミアムロール ケーキ」があります。当時、か
なり話題になりました。ローソンによれば、

　　　『「プレミアムロールケーキ」は、北海道産の生乳から作られ

る純生クリームと、洋菓子専門店でも使われている「宝笠印」の小麦粉を使ったスポンジの本格ロールケーキです。やわらかい素材を活かした"巻かない製法"で、"スプーンで食べる"ロールケーキです。定番のプレーン、チョコに加え、これまで28種類の期間限定フレーバーを発売し、2009年9月29日の発売開始以来、シリーズ累計で約1億6000万個販売いたしました』（ローソンプレスリリース　http://www.lawson.co.jp/company/news/060869/)

とのこと。

最初の商品は150円（税込）とお手頃な値段でしたが、150円の商品としてはすごくよくできていた商品です。ヒットの要因は、おそらく2つ。1つは、クリームの品質にこだわったこと。もう1つは……クリームの量を「数倍」に増やしたこと。

他のロールケーキと比べて、クリームがあまりに多いので、「スプーンで食べる」とわざわざパッケージに書いてあります。それがポイントだったのでしょう。

誤解を恐れずに言えば、ロールケーキというより「クリーム」を売る商品です。

ロールケーキで、お客様にとって「おいしいところ」すなわちお金を払いたいところは、スポンジではなくクリーム。そのおいしいところの品質を改善し、「数倍」に増やすことで大ヒットにつながったのだと思います。逆に、スポンジの量を3倍にしたら売れなくなりそうです。

ロジックとしては単純です。ロールケーキが店頭で売られるまでには、パッケージ、配送、なども含めて多くのお金がかかって

います。クリームに使われているコストはそのうちのごく一部。

　仮にもともとのロールケーキが100円で、使われているクリームが全コストの1割だったとします。その1割を3倍にして価格に転嫁しても、価格は2割上がるだけ（100円の1割は10円、3倍になると30円で20円〔＝2割〕増）。100円→120円でクリーム3倍なら、お客様にはすさまじいインパクトになるわけです。

　家電製品などでも、お客様がよく使う機能（＝おいしいところ）を徹底的に強化する、などの手はありますね。

　テレビ番組でも同じです。2003年から始まった「エンタの神様」という日本テレビ系の大ヒット番組があります。

　それが生まれた経緯は……

　　『それで、最初は、歌ありマジックありの総合エンターテインメント番組としてスタートしました』『初回の毎分視聴率（一分ごとの視聴率）のグラフを分析したら、当時ブレイクしていたテツ＆トモの出演した時間帯の数字が非常によかったんです。それですぐに「お笑いに特化しよう」と決断しました』（THE21 2005年5月 P.29）

　と、「おいしいところ」は、お笑いだったのですね。そこからエンタの神様が「お笑いブームのけん引役」の1つとなるほどの快進撃につながっていったわけです。

　お客様が「うれしいところ」（＝毎分視聴率が高いところ）を増やし、「うれしくないところ」（＝毎分視聴率が低いところ）を減らしていくことでできた人気番組が「エンタの神様」なのです。

振り切った強み2)　使い方を絞り、特化させる

　「振り切った強み」を作る2つめの方法は、顧客や使い方を絞ることです。顧客や使い方をギリギリまで絞って特化させて際立たせるのです。

　典型例が、序章でも紹介した「熱さまシート」。子供でなくても使えますし、夏の冷却シートとしても使えそうです。

　それにもかかわらず、「万人用・全身用冷却シート」としないで、「子供が熱を出したときにおでこに貼る」と使い方を絞ったからこそ刺さりました。

　ちなみに、「子供が熱を出したときにおでこに貼る」というこのTPOは、ニッチなようでニッチでもありません。私も子供をもって初めて知りましたが、子供はしょっちゅう熱を出しますね。

　「ニッチを狙おう」とは必ずしも言っていません（ニッチがダメだとも言っていません）。子供が熱を出したときにおでこに、という熱さまシートの使い方は、むしろ冷感シートの使い方としては、頻度と重要性が共に高いTPOに絞っているともいえます。

　先ほども取りあげたエースの「カナナプロジェクト」は、元々「女性の海外旅行の街歩きで、レストランに入るとき」というすさまじく絞られたTPOに向けて開発されました。それがヒットして、次のTPOに向けて、また次のTPOに向けて、とラインナップを広げていったわけです。

　「使い方」を絞って特化していくという手法は、家電のような、多くの製品が「何でも」「万能」を目指しているような市場では特に有効な手法です。

　2015年、2万2,900円（税別）という超高価格のトースター、「バルミューダ　ザ・トースター」が登場しました。「水を入れて

パンを焼く」という画期的な新商品です。「とにかくおいしいトーストが焼ける」というその1点に振り切って作られたこの商品は、それが評価されて大ヒット。

> 『15年に発売したトースターは蒸気を使って焼きたてのパンの風味を再現でき、2万2900円（税別）と高額ながら、17年までに累計43万6000台を販売した』
>
> (2018/01/24　日本経済新聞 夕刊 P.1)

　2万円以上の高級トースターがこれだけ売れる、というのはかなりニュースになりました。

　が……実はよく考えてみれば、当たり前でもあります。

　2017年の「パン」の年間消費金額は「米」の1.3倍（ご飯：18,917円、パン23,723円）。2000年には米がパンの1.4倍（ご飯：32,769円、パン：23,438円）でしたが、2010年にパンがわずかに米を上回ってからは差が開くばかり（総務省家計調査　時系列データ・総世帯）。

　いわゆる「高級炊飯器」には高級なものが多々あり、10万円以上のものも珍しくありません。にもかかわらず、いまやご飯以上に消費されているパンに、「高級トースター」はなかったのです。

　「とにかくおいしくご飯を炊く」（＝高級炊飯器）戦場は競合が激しかったわけですが、「とにかくおいしくパンを焼く」（＝高級トースター）戦場は、潜在市場として存在していたにもかかわらず、ほとんど空白だったわけです。

　顧客ターゲットは「毎朝トースターでパンを焼く人」、TPOは平日の朝7時、と極めてシャープ。パンの消費金額が米を上回る

現在、ここに大きな潜在市場があったのです。この戦場・顧客に向けて放たれた「細く鋭い矢」が「バルミューダ　ザ・トースター」なのです。

　使い方・TPOを絞って、そこに「振り切った強み」を作って大ヒットしたわけです。

競合にバカにされるような商品は振り切れている証し

　ちなみに、「バルミューダ　ザ・トースター」を作ったのはバルミューダという家電ベンチャー。ベンチャーだからこそできた、という要因もありそうです。

　日本の大手企業で「2万円のトースターを出しましょう」という提案をしたら、「何を考えてるんだ」で終わりそうです。バルミューダは社長自らこのトースターの開発を推し進めたそうですが、小規模企業だからこそ可能だったのかもしれません。

　大企業ほど振り切った商品・サービスが出しにくい、ということは数字でも証明されています。

従業員数	既存の製品はなく、 市場において全く新しい製品
〜20人	17.3%
21〜50人	14.1%
51〜100人	10.6%
101〜300人	11.0%
301〜	9.8%

　「既存の製品はなく、市場において全く新しい製品」は、大企

業ほど少ないのです（『中小企業白書〈2005年版〉』第2-1-64図　企業規模
と差別化行動の関係　http://www.chusho.meti.go.jp/pamflet/hakusyo/h17/
hakusho/html/17213140.html）。

　だからこそ、大企業ほど振り切った強みを作るべく心がける必
要があるわけです。

　大企業では、最初は尖っていた商品・サービスが組織の上へ
上っていくにつれてカドが取れ、役員会を通ったときには「どこ
にでもある平凡なもの」となることがあります。そうさせないた
めには、カドが取れてもまだ十分に尖っているくらいに、最初の
段階ですさまじく振り切っておきましょう。

　強みが振り切れているかどうか、というチェックポイントの1
つが「競合にバカにされるかどうか」です。競合が「それはいい」
と思うような商品は、すぐにマネされますし、そもそも振り切れ
ていないのです。競合がバカにするようなものであれば、それは
振り切れている、業界にとっては非常識である、という良いサイ
ンです。

　問題は、「競合にバカにされる」ような素晴らしいアイディアは、
自分の社内でも「バカにされる」ために社内を通らないのです。

　商品開発での大きなチャレンジが、「バカにされる」ような素
晴らしいアイディアをいかにして社内で通すか、というのは皮肉
な話です。

　実は、エースのカナナプロジェクトでも、当初は反対意見が出
ました。

　　『男性向けのスーツケースとビジネスバッグが主力のエースに

とって当時、女性向けバッグは初めての試みだった。「『売れな
いんじゃないか』と、社内から反対の声も上がった」（戸田さ
ん）　実際には旅行が好きな40代以上の女性らに口コミで広
まり、順調に売れ行きが伸びた』(2013/11/22 日経MJ P.6)

　カナナプロジェクトは、顧客ターゲットをすごく絞っていま
す。顧客を絞ると売れないと考える人が多く（実際はむしろ逆で
あることは見てきたとおりです）、反対が出たのでしょうね。
　カナナプロジェクトで本当にすごいことの1つは、カナナプロ
ジェクトにGOサインが出た、ということですね。

振り切った強み3）「今までになかった強み」

　「振り切った強み」を作る3つめの方法は、「今までになかった
強み」を作ることです。
　今までにない強みは、今までにない価値・うれしさをもたらす
わけですから、お客様に対するインパクトも強くなります。
　序章51ページで、「業界内では全く行われていない新たな取
組」が成長に対する貢献が一番高い、というデータをご覧いただ
きました。そして、逆に成長率が一番低いのは「広く普及してい
る取組」でした。
　業界内で誰もやっていない新しいことは効果が高いのです。
　この「今までになかった強み」の典型例が、カシオの
G-SHOCK。今ではすっかりお馴染みになったG-SHOCKも、最初
はもちろん「新商品」です。
　G-SHOCKの方が語った開発秘話が日経MJに掲載されていま
した。

『たった1行「落としても壊れない丈夫な時計」とうたった
だけの新技術・新商品提案書を会社に出すと、なんと開発に
GOが出た』（「Gショック」成功の要因——カシオ計算機時
計事業部主幹伊部菊雄氏、10文字以内で語れる価値（日経MJ
ヒット塾 2017/07/10 日経MJ P.2）

『落としても壊れない丈夫な時計』という、たった1行が今でも
人気のG-SHOCKの商品開発提案書だったわけです。

なぜこんなシンプルになるかというと、そういう時計は「今ま
でになかった」からですね。その後大人気になり、今でも『落と
しても壊れない丈夫な時計』としてすさまじい存在感を放ってい
るのはご存じのとおりです。

『落としても壊れない丈夫な時計』という一言の背後には、厳
密に言えば、

顧客：落とすと壊れることに不満を持つ腕時計ユーザー
競合：従来のすべての腕時計
強み：落としても壊れない

という顧客・競合・強みの関係にはなっていますが、それがシ
ンプルに一言で言えるのは、どの競合もやってこなかった「今ま
でになかった強み」を提示したからです。

「今までになかった強み」のもう1つの事例は、過熱水蒸気で調
理する「新しい」電子レンジを作ったヘルシオ（シャープ）。

ヘルシオの開発プロセスは、次のようなものでした。

『国内外から調理器具に応用できる技術を集めた。数カ月後、1人の研究員が山口県産業技術センター（山口県宇部市）で、フグの一夜干しの殺菌に特殊な手法を使っていることを聞きつけた。100度超の水蒸気だった。そこで処理されたフグを口にすると、外はカリっと中身はふんわり』『様々な食材を高温水蒸気で加熱すると、意外にも脂分や塩分が水蒸気とともに落ちた。電子レンジと比べても食材の細胞組織を壊さず、栄養素も保たれる』『希望小売価格は12万6000円ながら、最初の1年間で10万台を販売』(2014/02/10 日経MJ P.10)

　水で焼くから、おいしく、かつ油分や塩分が落ちて、健康的でもあるわけです。

　ヘルシオは「水で焼くからおいしくかつ健康的」という「今までになかった強み」を実現して、高価格ながら大ヒットしたわけです。

　「フィットカットカーブ」の強みも「切りにくいものが軽い力で切れる」とシンプルに表現できますが、それは今までになかった強みだからこそ、比較対象がなく、シンプルな強みとして表現できるのです。

　「フリクションボール」も同様に「消せる」という今までになかったシンプルな強みを提示し、大人気になりました。

- G-SHOCK：「落としても壊れない」
- フィットカットカーブ：「切りにくいものが軽い力で切れる」
- ヘルシオ：「水で焼くからおいしくかつ健康的」
- フリクションボール：「消せる」

　と、ヒット商品に共通するのは、シンプルに一言で言える「強み」を持つこと。

　それはお客様に対しても社内に対しても、伝えやすくわかりやすい求心力として働きます。そしてそれが可能になるのは「今までになかった強み」だからです。

　このような「今までになかった強み」を考える・作ることを1つの目標にすると良いと思います。

　「ブルーオーシャン」という表現はかなり一般的になりましたが、それは私流に解釈すると、「今までになかった強みを作ることができれば、短期的には競合が存在しない状態が作れる」ということです。

　ただ、このような「今までになかった強み」もやがて競合にマネされます。すると「他にもある強み」になってしまいます。その場合は、第4章の独自資源を使った勝負になっていきます。

他業種の成功事例を自社に応用すると「革新的」になる

　では、どうすればそのような「今までになかった強み」を発想できるのか、考えられるのか、ということになりますよね。

　その方法の1つが、序章でも見てきた「他業種の成功事例」を取り入れること。

　「業界内では全く行われていない新たな取組」をしている企業は、他に比べて圧倒的に「成長率」が高いという序章51ページのデータを思い出してください。

　キーワードは「業界内では」です。他業種での成功事例を自社に取り入れると、「今までになかった強み」になるのです。

　古くは、コンサルティング会社最高峰のマッキンゼー・アン

ド・カンパニーが弁護士という他業種から職業倫理を取り入れた
ことや、コンピューターのデルがトヨタのカンバン方式を取り入
れたことはよく知られています。

　先述の「ヘルシオ」も、フグの一夜干しの殺菌に使われている
技術から「水で焼く」という着想を得たわけで、これも他業種か
ら学んだ成功例の1つ。

　他業種から着想を得たのが、「ポッキー〈極細〉」（江崎グリコ）
という商品。あのポッキーのまさに「極細」な派生商品です。

　　『江崎グリコが昨年十月に全国で発売した「ポッキー〈極細〉
　　二十六本×二袋」（参考小売価格百五十円）が売れている。一
　　九六六年に「ポッキーチョコレート」としてポッキーが登場し
　　て以来最も細く、断面積は今までの半分』『グリコがポッキー
　　〈極細〉のヒントを得たのはうどん、パスタ、そばなどのめん
　　類だ。太さによって食感やソースとのからみ方が異なり、い
　　ろいろなおいしさがある』(2007/01/22 日経MJ P.2)

　2006年発売の商品で、今でもポッキーの主力シリーズの1つで
す。ポッキーの太さを変える、という発想は「麺類」から得たの
ですね。慧眼としか言いようがありません。

　ポッキーの誕生は1966年ですが、40年たってからこういう新
しい発想が出てくる、というのも興味深いです。ポッキーのよう
な伝統的な商品でも、他業種から学ぶことで革新的な新商品のア
イディアが出てくるわけです。

　ただ、他業種のアイディアを取り入れるにあたって、難しい点
が2つあります。

1つは、「気づき方」の問題です。業種業態を超えた共通点に気づきにくい、ということ。

例えば「富山の薬売り（配置薬）」と「コピー機」の共通点は何でしょうか？　答えは、「置いておいて、使った分だけお金を払う」という点です。配置薬は、薬を家庭に置いて使った薬の分だけ払います（私が子供のときにも家にありました）。コピー機は使った分をカウンターで数えて払います。これを応用したのがグリコの画期的なサービス「オフィスグリコ」。グリコの商品を会社などに置き、食べた分だけお金を払っていただく方法です。これらはみな同じ「構造」です。

では、スーパーマーケットと回転寿司ではいかがでしょうか？これはちょっと難しいかもしれません。スーパーマーケット登場以前の小売店では「カウンター越しに店員さんに注文して商品を出してもらう」というものでした。

それを「お客様が自分で棚から選んで持っていく」というセルフサービスにしたのがスーパーマーケット。回転寿司も、それ以前の寿司店では「カウンター越しに店員さんに注文して商品を出してもらう」を「お客様が自分で棚から選んで持っていく」としたのは同じ「構造」です。

「気づき」を得るためのポイントは背後の「構造」を見ることです。スーパーと回転寿司という「見た目」が全く違うビジネスでも、事の本質は同じです。

こういう発想ができるようになると、アイディアをいくらでも他業種から持って来られるようになります。

例えば、BtoB（法人顧客対象のビジネス）の加工業（プラスチック加工でもゴム加工でも金属加工でも何でも）の方が「麺の

固さが変えられるラーメン屋」さんに行ったとします。「麺の固さ」は、「ゆで時間」で変わります。そこから、「工程を一部分変えるだけで顧客の好みに近づけられる」という気づきを得て、ある1つのことをお客様が選べるようにすれば面白いかもしれませんよね（既にやっている会社も多くありそうですが）。

　もう1つの難しい点は、「心構え」の問題です。

　多くの方が「自分の業種は特殊だ」と考えています。経験的には6～7割の方がそう考えています（なお、一見「特殊」な業種に見えても、要素を1つ1つ分解していくと他業種にも普通にあるものです）。

　「自分の業種は特殊だ」という発想は、「他業種だからうちには関係ない」という考えにつながり、その瞬間に、「他業種から学ぶ」という商品開発における最高の手法の1つを自ら捨てることになってしまうのです。

　「自分の業種は特殊だ」と考えてしまうと「他業種から学ぼう」とは思わなくなります。そして多くの人が「自分の業種は特殊だ」と考え、他業種の素晴らしいアイディアを捨てています。

　だからこそ、チャンスなのです。「他業種から学ぶ」ことは、みんながやらない最高の手法なんです。

振り切った強み4）　制約要因を逆手にとり、「弱みで勝つ」

　振り切った強みを作る最後の方法が、「弱みで勝つ」方法です。

　「強みで勝つ」のは本書でも推奨する「当たり前」の方法です。

　逆転の発想として「弱みで勝つ」というのも有効な方法の1つです。名付けて「あばたもえくぼ」戦略。

　「弱み」は、普通は修正の対象です。そうではなく、その「弱み」を「強み」に転化することができれば、それが「今までになかった強み」になる可能性があります。みんなが「弱み」だと思っているものほど「今までになかった強み」になりやすいのです。

　「弱みで勝つ」ことについては、それだけで1冊の本が書けるくらいのテーマですが（いずれ書こうと思っています）、ここでは簡単に紹介させていただきます。

　「会社」レベルで見ても、「商品・サービス」レベルで見ても、「絶対的な強み」というのはあまりありません。

　どんな強みも弱みになり得ますし、どんな弱みも強みになり得ます。

　例えば、マクドナルドの店内は「騒がしい」です（もちろん店にもよりますが）。BGMがかなりのボリュームでかかっています。

　これが「強み」か「弱み」かは、「使い方・TPO」で変わります。

　「静かに1人で集中して勉強などをしたい」という使い方ではもちろん弱みです。

　しかし「休日の家族団らん」という使い方では「強み」になります。小さい子供はどうしても騒ぎます。静かな店で子供が騒ぐと気まずいですが、「騒がしい」マクドナルドならば、気兼ねなく騒げます。

　「騒がしい」という誰もが「弱み」だと思うことですら「絶対的な弱み」ではなく、使い方・TPO次第で「強み」になるのです。

　風邪薬もそうですね。風邪薬に含まれる「抗ヒスタミン薬」が眠気の原因になるとされています。これは、今から仕事というTPOでは「弱み」ですが今は夜、これからぐっすり寝て早く治したいというTPOでは「強み」になります。ちなみに、睡眠改善薬

のドリエル（エスエス製薬）の主成分であるジフェンヒドラミンは「抗ヒスタミン薬」です。「眠くなる」という「弱み」を活かした睡眠改善薬なのです。

ここからは「弱み」を「強み」に転化するような新商品・サービスの事例を見ていくことにしましょう。

まずは観光業から。サービス業の事例をできるだけ紹介させていただきたいというのと、観光業では「弱みを強みに転化する」ことがよく行われており、学ぶことが多いからです。観光業は立地産業の側面が強く、立地という「制約要因」が存在します。

「弱みで勝つ」とは、「制約要因」を逆手にとる、ということでもあります。立地が弱みだとしても、その弱みを使わざるを得ないため、「強み」に転化しようという知恵を出すのだと思います。

まさにそれを実現したのが、埼玉県・小鹿野町（おがのまち）の「尾ノ内百景氷柱」。

『埼玉県西部の山あいに位置する小鹿野町。目立った観光資源もない同町で冬の2カ月間だけで3〜5万人の観光客を集める観光名所がある。渓谷で巨大氷柱（つらら）を楽しめる「尾ノ内百景（冷っけぇ〜）氷柱」だ』

『同事業が始まったのは2010年。観光客のいなくなる冬の山間部で、厳しい寒さを逆手にとって「なにか観光の目玉となるようなものを作れないかと考えた」のがきっかけだ。何もなかった渓谷に、近くの沢からホースで水を引き、壁面や木々に散水して巨大なつららを作り上げた。観光客は順調に増え13年には3万5000人が訪れた』(2013/12/08 日経MJ P.4)

2018年現在でも実施され、毎年数万人が訪れる秩父の冬の観光名所になりました。

失礼な言い方で申し訳ありませんが、「何もなかった寒い山」にホースで水をまいてつららを作ったら観光名所になったのです。ライトアップするなどして、さらに魅力を高める工夫もしています。

寒いという「弱み」を逆手にとり、近くにあった「水」を使い、水をまくだけでつららができるという「強み」にし、わずか3年で3万人以上が訪れる観光地を作ったのです。

知恵を出すことで「何もなかった寒い山」を「観光名所」に変えた素晴らしい事例だと思います。

次は大手住宅設備機器メーカー、TOTOの事例です。

『国内ではTOTOの衛生陶器はごく一般的な商品でそれほど高級感があるとはいえない。だが、中国ではTOTOの商品を使っているのは富裕層が多く、ステータスの高い高級ブランドとして定着している』『ライバルが少ない国内と違い、中国には100社以上の企業が参入していた。他社との差別化を図るためには、独自性を打ち出すことが不可欠だった。同社の安部壮一国際事業本部長は「他社よりも価格が高いこともあり、おのずと高級ブランドとしてやっていくしかなかった」と話す』

『中国では、巨大市場を狙い世界中から参入したライバル企業を退け、高級衛生陶器の販売シェアでトップを獲得した』

（2013/08/16 日経MJ P.6）

TOTOは、日本では「トイレのスタンダード」ですが、中国ではいわゆる「高級ブランド」として認識されているわけですね。中国では後発となったTOTOは、現地のメーカーに比べれば圧倒的に高価格。

　ある意味「やむを得ず」のような形で「日本メーカーの高級・高価格な新商品」として中国市場に投入し、背水の陣で努力して『高級衛生陶器の販売シェアでトップを獲得した』のです。

　2014〜2015年ごろの中国人観光客の「爆買い」はユーキャン新語・流行語大賞にもなりましたが、爆買いの対象の1つがTOTOのウォシュレット。量販店でウォシュレットをいくつも買ってお土産にする中国人観光客が話題になりました。

　そのウォシュレットを爆買いした1つの要因がこの「高級ブランド」イメージだったのではないかと思われます。日本に来ると「あの高級なTOTOがこんなに安く買えるなんて！」と思われたのかもしれません。

　日本市場では「日本メーカー製」は、「普通」です。しかし中国市場では「日本のメーカー製」は「高級品」になるわけです。まさに「戦場」が変わると「強み」が変わるのです。

　「制約要因」を「メリット」に変える手法は、日常の買い物でも意識してみれば結構あります。供給が安定しない商品を「限定！先着○○名様、早い者勝ち！」として売り出すなどが典型ですが、気づいたら参考にするとよいと思います。

「振り切った強み」が新たな商品カテゴリーを作り出す

　誰かが「振り切った強み」を持った商品・サービスを作り出し

て人気を得ると、同じ強みを持った商品・サービスが出てきて、新たな商品カテゴリーが生まれます。そうなるとまたそこでの新たな強みが必要になります。

例えば、アップルがiPhoneを出したのは2007年。当初はスマホ市場をiPhoneが席巻します。スマホがiPhoneしかなかったので、「スマホであること」自体が強みになったわけです。しかし2009年にはHTCなどからiPhoneと似た感じのスマホが登場、2010年にはサムスン電子のフラッグシップモデルGalaxy Sが出ます。

「スマホ」という商品カテゴリーが生まれたのです。こうなるとiPhoneの「スマホであること」はもはや強みになりません（みんなスマホですから）。アップルは、次の強みが必要になるわけです。

「バルミューダ　ザ・トースター」も同様に、現在は各社から高級トースターが次々に発売され、活況を呈しています。

2016年には「ヘルシオグリエ」（シャープ）が登場。「水で焼く」という考え方はもともと2004年に発売されたヘルシオの方が先行で、その技術を使っているようです。実売価格も2018年6月現在、バルミューダと近い価格帯で売られています。

「水で焼くからおいしい」という強みが競合でもできるとなると、それは「バルミューダ　ザ・トースター」の専売特許（＝強み）ではなくなります。

すると「水で焼くからおいしい高級トースター戦場」ができ、「水で焼く」の次の強みが必要になるのです。

商品開発は、まさにこの繰り返しの歴史と言ってもいいくらいです。

ここからわかることは2つあります。

　1つは、「今までになかった強み」を作っても、それはいずれマネされる可能性があるので、新商品・サービスを出した瞬間から、「マネされた後」の打ち手を考え始める必要がある、ということ。

　もう1つは、強みをそもそも「マネされないようにする打ち手」が必要、ということ。それがまさに次章で取り上げる「独自資源」です。

第3章　使い方にあった強みを作ろう

1　強み＝お客様が競合ではなく自社を選ぶ理由

- 「強み」は、「お客様が競合ではなく自社を選ぶ理由」
- 「強み」は、競合との「性能の差」ではなく「うれしさの差」であり、競合にはない「独自のうれしさ」
- 「使い方・TPOにあった強み」を作ろう

2　振り切った強みを作ろう

- 強みを振り切る：戦場における「明確な1番」を狙おう
- 振り切った強み1）「うれしいところ」を3倍にする
- 振り切った強み2）使い方を絞り、特化させる
  競合にバカにされるような商品は振り切れている証し
- 振り切った強み3）「今までになかった強み」
  他業種の成功事例を自社に応用すると「革新的」になる
- 振り切った強み4）制約要因を逆手にとり、「弱みで勝つ」
  弱みが強みになるような「使い方」を考えよう
- 「振り切った強み」が新たな商品カテゴリーを作り出す

強みをマネされないように
「独自資源」を作ろう

1 | 強みを競合にマネされないように守る 「独自資源」

ここまで、

序章：お客様のうれしさ＝使い方・TPO

第1章　顧客：どんな人のどんな「使い方」

第2章　戦場・競合：戦場・競合は「使い方」で決まる

第3章　強み：「使い方」にあった強みを作る

と、「使い方」を軸に、戦略BASiCSの要素を見てきています。

「使い方中心の商品開発3ステップ」で再整理すると、以下のようになります。

ステップ1　お客様の「使い方」を考える：
　　　　　　第1章「顧客」　第2章「戦場・競合」

ステップ2　「使い方」にあった強みを作る：
　　　　　　第3章「強み」　第4章「独自資源」

本章、第4章は、ステップ2の続きです。

前章の第3章で「強み」を見てきました。強みは「お客様が競合ではなく自社を選ぶ理由」ですから、強みが作れれば、お客様に「選ばれる」すなわち「売れる」ことになります。

ただ、「強みを作れば売れる」という文には、「短期的には」という注釈がつきます。せっかく素晴らしい「強み」を作っても、それが競合にマネされた瞬間に「強み」ではなくなります。「強み」すなわち「独自のうれしさ」は競合にはない「独自」のもの

だからこそ「お客様に選ばれる理由」になるのです。

　そこで、本章では「独自資源」を見ていきましょう。

　序章で見たとおり、「独自資源」と「強み」は似て非なるものです。

　○強み：お客様が競合ではなく自社を選ぶ理由
　○独自資源：強みを競合がマネできない理由

　フリクションボールの「強み」は「消せる」こと。そしてその「独自資源」はパイロットの色が変わるインク、メタモインキの技術などの「独自技術」などにあるわけです。

　○強み：「消せる」から、スケジュール帳などを
　　　　　書き直せてうれしい
　○独自資源：メタモインキの技術などで、「消せる」インクを
　　　　　　　競合がマネできない

　という関係になっています。

　「強み」は「お客様が競合ではなく自社を選ぶ理由」であり、お客様にとって大事な「独自のうれしさ」です。

　一方、「独自資源」はお客様の「うれしさ」には直接関係ありません。「メタモインキの技術」などはお客様には無関係。お客様にとってうれしいのはあくまで「消せる」こと。

　しかし、その「消せるインクの独自技術」などの「独自資源」が、「消せる」という「独自のうれしさ」（＝強み）を実現し、かつ競合にマネできないものとしているわけです。

「強み」は「独自のうれしさ」であり、「独自資源」は「独自の
うれしさを生み出すモト」ということです。

ハード資源とソフト資源

独自資源は、大別して「ハード資源」と「ソフト資源」に分け
られます。

まず、ハード資源は、技術、設備、立地、など、「目に見えるも
の」です。お金を出して買えることが多いです。

「技術」の典型例がフリクションボールの「メタモインキ」で
すね。その技術が「消せる」という「強み」を生み出しているわ
けです。

「立地」もマネできないものです。

第3章で取り上げた埼玉県・小鹿野町の「尾ノ内百景氷柱」で
は、「立地」というハード資源を活かしているために、他の観光
地ではマネしにくいものになっています。

1) 寒い（水が凍る）

2) 木がある（水をかけてつららになるものがある）

3) 水（沢）が近くにある

このような「立地」だからこそ、水をまいてつららができるわ
けです。地の利（弱みを強みに、という意味では地の不利？）を
活かし、「その土地ならでは」の観光スポットにしたわけです。

次に、ソフト資源は「目に見えないもの」で、まとめると以下
の4つになります。

1) **Skill**：スキル・能力

　　知識・経験・ノウハウなどの自社の独自の能力

2) **Human resources：人材・組織**

　　人材、組織、評価体系、採用・教育など

3) **Outside relations：外部との関係**

　　お客様からの信頼、取引先との関係など

4) **Philosophy：理念・文化・歴史**

　　企業理念、哲学、企業文化、歴史、など

　4つの要素の頭文字を取ると、SHOPすなわち「お店」になります。ソフト資源はお金で買えないものが多く、お店（SHOP）では買えないのがソフト資源、ですね。

　ソフト資源が「強み」の源泉になっている例が、エースの「カナナプロジェクト」。エースと竹内海南江さんとの強固な「関係」（=「3) Outside relations：外部との関係」）があってこそのカナナプロジェクトです。

　商品企画会議で、竹内海南江さんからの経験やセンスなどに基づく様々なアドバイスが、海外旅行中などに便利でかつオシャレというカナナプロジェクトのカバンの「強み」を作り出しているわけです。

　おそらくエースは、竹内さんが他のカバンメーカーにはアドバイスできないというような専属契約を竹内さんと結んでいるでしょう。契約がなくても、両者間に強い信頼関係ができていれば、竹内さんが他のカバンメーカーに対してアドバイスをするようなことはないはずです。

　そして、竹内海南江さんのような人材は希少です。ミステリーハンターというタフな旅行者であり、かつファッションセンスに

厳しい女性タレントである、という竹内さん自身の希少性（＝「独自資源」）が、そのままカナナプロジェクトの「独自資源」になっているわけです。

「独自資源」のない強みはマネされる

「独自資源」がない商品・サービスは、すぐにマネされてしまいます。平たく言えば、「誰でも作れてしまうような強みは、すぐにマネされてしまう」のです。

序章で、商品寿命がどんどん短命化しているというデータをご覧いただきました。今はヒット商品の半分以上が2年で売れなくなってしまう時代です。

その1つの要因が、競合によるマネ、でしょう。すぐに模倣商品が出てくるわけです。その意味で、強い「独自資源」はマネを防いで「商品寿命を長くする」ということにつながります。

「マネ」が激しい典型が外食です。新しいお店を出して流行ると、すぐにマネされます。

例えば、ステーキ＋サラダバー業態。エムグラントフードサービスの「けん」という店舗が先駆け。2006年に1号店を開業、人気を得て2010年には100店を突破（同社会社案内）。しかし、2010年にはすかいらーくがステーキガスト1号店をオープン（https://www.skylark.co.jp/company/skylark_history.html）、拡大させていきます。

一方、けんは『しかしピークの2012年に約230あった店舗数は現在は約140までに急減している』（2014/09/17 日経MJ P.1）と縮小。

2018年現在、ステーキガストは138店（すかいらーくHP https://www.skylark.co.jp/company/skylark_history.html）、ステーキけんは53

店舗（HPから筆者が計算）まで減りました。ステーキ＋サラダバーという業態を始めた「けん」の功績は素晴らしいと思いますが、「独自資源」がなければ、マネされてしまうのです。

　すかいらーくグループのステーキガストは、小規模企業のエムグラントフードサービスに対して、「独自資源」に勝ります。

ハード資源

- 規模の経済：ガスト、ジョナサンなどの他店舗も含めた
　　　　　　　仕入れ力

ソフト資源

- 1）Skill（スキル・能力）：店舗運営のスキル
- 2）Human resources（人材・組織）：優れた人材
- 3）Outside relations（外部との関係）：「ガスト」という
　　　　　　　　　　　　　　　　　　名前の信頼の高さ

　などにおいてステーキガストが「けん」を上回ったのでしょう。

　外食の場合は、新業態を出してもすぐにマネされます。独自の仕入れ、従業員の接客力なども含めたマネしにくいソフト資源を強化しておかないと、長期的に戦えません。

　逆に、「独自資源」である「技術」がマネを防いでいる好例が明治の「ガルボ」というチョコレート菓子。1996年に発売されて、現在も人気です。コンビニのチョコの棚には必ずと言っていいほど置いてあります。

　お菓子も、外食同様にマネし、マネされという世界です。ガルボも発売から20年以上たちますから、マネされてもよさそうな

ものですが、同様の商品はほとんど出てきていません。

　ガルボはビスケットにチョコレートを浸した、サクサク食べられる食感のチョコレート菓子ですが、ビスケットにチョコレートを浸す「含浸技術」が他社にマネのできない「独自資源」になっているようです。

　この技術に関して明治が多くを語ることはあまりないのですが（当然ヒミツを守りたいのでしょう）、技術の存在自体は公にされています。例えば、「株主のみなさまへ（第2期中間報告書　平成22年4月1日～平成22年9月30日）https://www.meiji.com/investor/library/report/2010/pdf/report_2010_01.pdf）には、ガルボボールというガルボの新製品紹介時に『一口サイズのボール状に焼き上げた口溶けの良い焼き菓子に、明治独自の含浸技術でたっぷりチョコをしみ込ませた新しいおいしさです。』という記述があります。

　この「含浸技術」という「独自資源」が、「サクサクしたチョコレート」という独自のおいしさ（＝強み）を生み出すモトになっているわけです。その含浸技術という「独自資源」がマネできないからこそ、誰もガルボをマネできないわけですね。

「独自資源」の蓄積を早めに行い、マネを防ごう

　ヒット商品は、競合がマネしようとしてきます。ヒット商品の寿命が短くなった現在、「強み」に加えて、強みをマネされないようにする「独自資源」は重要な意味を持っているのです。

　ですから、新商品・サービスを出す前から、あるいは出した後も「独自資源」をきちんと整備して、マネを防ぐ、少なくともマネされるのを「できるだけ遅らせる」ようにする打ち手を打ち続ける必要があります。

　打ち手は2つです。1つは「商品・サービス自体をマネされないようにする」こと、もう1つは「商品・サービスがマネされても大丈夫なようにすること」です。

　まずは「商品・サービス自体をマネされないようにする」ことです。技術の確立や、知的財産などで守ったりするのです。明治のガルボがその典型です。

　これは新商品・サービスを出す「前」の打ち手です。

　先述の「ヘルシオ」も、水で焼く技術を特許などで守ろうとしました。

　　『家庭用の100ボルト電源で水蒸気を300度程度に上げなければ減脂・減塩効果が望めない。効率的に水蒸気の温度を上げるため、モーターやオーブンの構造にこだわり、細部にわたり技術特許を取得した。こうして「レンジに替わる水で焼く新しい家庭用調理器」は構想から4年で発売にこぎつけた』
　　（2014/02/10 日経MJ P.10）

　これは発売「前」のことです。開発に4年かかっているわけですが、その間に技術や特許を蓄積し、なるべくマネできないような手を打ったわけです。

　もう1つは、「商品・サービスがマネされても大丈夫なようにすること」です。

　「モノ自体」のマネを防ぐのが難しい場合は、ソフト資源で勝負することになります。

　例えば、ソフト資源のSHOPの

3) Outside relations（外部との関係）　お客様からの信頼、取
引先との関係など

は、極めて重要です。例えば「ブランド」と言われるような、
お客様からの認知や信頼を最初に獲得するのは重要です。「○○
と言えば、（商品・サービス名）だよね」というような認識を最
初に作れれば、後発の競合がひっくり返すのは困難です。

　カップヌードル、セロテープ、ポストイットなどはもともと
「商品名」ですが、いまや「商品カテゴリー全体」を表すように
なっています。「カップヌードル（カテゴリー名）と言えば、カッ
プヌードル（商品名）」なんです。

　また、販路やチャネルを早めに確保し、できれば自社商品だけ
を売ってもらうような専売契約などを交わして、販路・チャネル
をおさえてしまう、というような方法もあります。

　これらは、市場投入の少し前くらいから、そして市場投入した
「後」の打ち手です。

　フィットカットカーブについて考えてみましょう。フィット
カットカーブの「独自資源」は、技術という意味では「ベルヌー
イカーブという曲線の刃の開発力・生産技術」となるでしょう。

　ただ、曲線の刃、という生産技術はそれほど独自とも思えませ
ん。実際、100円ショップで似たような形のハサミを見ました。

　プラスのハサミに関する特許を検索してみたところ、おそらく
はフィットカットカーブについてのものと思われる特許が数件出
願されています。

　例えば「特開2014-200332」は、『【課題】切断刃の根元から先端
までを用いて容易に切断対象物を切断することができるとともに

糊玉の付着を防止した事務用鋏を提供する』というもので、フィットカットカーブのことでしょう。この申請は2017年11月に認められています（登録番号6244097）。他にもまだ何件か申請されており、特許という独自資源でマネを防ごうとしているプラスの意図が伺えます。

　ちなみに、出願日はフィットカットカーブが発売された「後」になっています。すさまじいヒット商品になったので、きちんと特許で守ろうとした（している）のでしょうね。

　また、チャネルへの「販売力」というソフト資源もありそうです。フィットカットカーブが売れるチャネル、例えば文具店・文具通販やスーパーなどで扱ってもらえるという「取引先との関係」というソフト資源「3) Outside relations：外部との関係」です。

　今のところ、おそらくハード資源・ソフト資源の両方でフィットカットカーブに大きな優位性があるようで、マネ商品はそこまでの脅威になっていないように見えます。

　実際、フィットカットカーブは2017年にも約500万本売れています（シリーズ累計売上が、2016年12月末で1,500万本以上、2017年12月末で2,000万本以上という記載から〔プラスニュースリリース〕）。

https://www.plus.co.jp/news/201710/001673.htm

https://www.plus.co.jp/news/201805/001673.html

　2012年1月発売以来の累計が2,000万本、2017年に年間500万本ということは、勢いが持続しているということです。競合にはマネできない理由があるからこそ、ですね。

　フリクションボールも同様で、「消せる」ボールペンである

「ユニボール　シグノ　イレイサブル」が既に市場にあることは序章で説明しました。

　「ユニボール　シグノ　イレイサブル」もインキがキレイに消え（ただ、消しゴムの消しカスが結構出てしまうのが弱みです）、ペンが細身で手帳に入れっぱなしにするのに便利なので、私は手帳にはこちらを入れっぱなしにしています。しかも安価（2018年現在、100円ショップで売っています）という、素晴らしい商品です。

　その意味では、フリクションボールの「独自資源」は「メタモインキ」などの技術（＝ハード資源）に加え、

- チャネルとの関係：文具売り場でフリクションシリーズが大々的に陳列されている
- お客様との関係：「消せるボールペン」としての認知度がおそらく一番高い

などの、「3）Outside relations：外部との関係」というソフト資源が果たす貢献も大きそうです。逆に「ユニボール　シグノ　イレイサブル」は、フリクションボールが価格面で進出できない100円ショップというチャネルに行くことができています。

　「独自資源」というと、メーカーの場合はどうしても「技術」などのハード資源に目が向きがちになりますが、技術「だけ」に基づく差別化はかなり難しいです。どうしても「モノ」は似通ったものを出されてしまうのです。

　しかし、「チャネルとの関係」（店の売り場の確保など）や、「お客様との関係」（お客様の認知・信頼獲得など）などで先行できていれば、それが強力な「独自資源」になります。

　フィットカットカーブにしても、フリクションボールにしても、そのあたりのソフト資源の蓄積がうまくいっているように思

われます。

　「技術」で先行しているうちに、他の「独自資源」、特にソフト資源を作れれば、技術や商品・サービス自体は「マネされても大丈夫」になるわけです。

　「独自資源」自体の詳細な話はいわゆる「マーケティング戦略」の話になります。私の他の本で詳細に解説していますし、商品開発とは少しズレてきますのでここで止めますが、「新しい商品・サービス」も、出したら「既存商品・サービス」です。「強み」をどう守るか、「独自資源」をどう作るか、というマーケティング戦略の重要性は、新商品・サービスの場合も同じです。

　いずれにせよ、「独自資源」が強ければ商品は長持ちしますし、「独自資源」が弱ければ、すぐにマネされて価格競争になっていくわけです。

　つまり、「独自資源」は第3章で考えてきた「強み」を、競合にマネされず、できるだけ「長持ち」させる、重要な要素なのです。

「技術の押し売り」ではなく「使い方」に落とし込もう

　商品開発において、「独自資源」で一番問題になるのが「技術」の扱い方です。

　メーカーの場合、独自の「技術」が「独自資源」の中核的な位置を占めることが多いです（独自でない技術は、独自でないために「独自資源」になりません。「独自資源」はあくまで他社にないものです）。

　商品開発の場合も、「この独自技術を活かして何か作れないか？」という技術からの「シーズ発想」をすることが多いように思います。

その発想自体は悪いものではありません。むしろ「持っている独自資源を活用する」というのはセオリーの1つです。

　パイロットのフリクションボールも、実はその発想です。

　渡辺広基社長（当時）が日経MJのインタビューにこう答えています。

　　『――フリクションボールはどういう経緯で商品化されたのですか。

　　「商品化のカギとなる温度で色が変わるインクは三十数年前に開発済みでした。筆記具に応用できず、玩具などに使っていました。ところがある時に、フランスの販社社長が『透明になるということは消えるインクということじゃないの？』とつぶやいたのです。その時、開発陣がああそうだ、透明に色を変えれば消える筆記具になる、と気付いたのです』

　　(2015/06/22 日経MJ P.3)

　元々「消せるボールペンを作ろう」と考えて作ったのではなく、以前からあった「色が変わるインク」（＝メタモインキ）という「独自資源」が、「消えるインク」に変身し、それがフリクションボールとして結実したわけですね。

・独自資源：色が変わるメタモインキ
　　⬇
・強み：色が透明になる（＝消える）
　　⬇
・使い方：フリクションボール

　と、数十年かけて独自資源を「使い方」に落とし込んできたのがフリクションボールの開発プロセスです。

　「使い方中心の商品開発3ステップ」の順番が、入れ替わっています。

ステップ2　「使い方」にあった強みを作る：
　　　　消えるインクができた

ステップ1　お客様の「使い方」を考える：
　　　　修正の多いスケジュール帳の記入に便利

ステップ3　お客様に刺さる「使い方」を提案する：
　　　　スケジュール帳の記入に便利

このように、各ステップが入れ替わることはあります。

　お客様にとって重要なのはステップ3の「使い方」だけですから、最終的にそこに落とし込めれば問題ありません。

　このように、技術が「使い方」に落とし込まれるとヒットにつながります。

　問題は、技術が「使い方」に落とし込まれず、「技術の押し売り」となってしまう場合です。

　パイロットがいかに「うちが独自に開発したメタモインキはすごい！」と言っても、お客様にとってメタモインキという「技術」自体はどうでもよいことです。

　お客様が欲しいのは技術ではなく、価値・うれしさです。お客様にとって大切なのはメタモインキの技術ではなく、「消せる」という「うれしさ」です。フリクションボールは技術を具体的な「使い方」に落とし込んだから、うまくいったのです。

が、多くの商品・サービスが「メタモインキ、すごいでしょ？」というレベルの「技術の押し売り」になっています。

　序章で、超有名なITサービスプロバイダーの方がおっしゃっていた言葉を思い出してください。

　「新しい技術が出たら、とりあえず社内で試用するためのサービスを開発します。それでこれはいける、と感じたらもうITシステムを作り込んでしまいます。その後で『さあ、これを誰に売りに行こうか』とやるんですから、売れませんよね……」

　これが「技術の押し売り」の典型例です。

　お客様が「使い方」を自分で考えてくれるなどの幸運に恵まれれば、運良く偶然たまたま売れることもあるでしょうが、それでは商品開発が顧客任せの「ギャンブル」になってしまいます。

　商品・サービスのアイディアの入口が「技術」であることは問題ありませんが、「使い方」に落ちないと大問題です。

　結論は、「独自技術」からの発想で始まったら、それを必ず「使い方中心の商品開発3ステップ」に落とし込むことです。

　「独自技術」があるのなら、それを起点に「使い方中心の商品開発3ステップ」を使って「使い方」に落とし込むのです（**図15**）。

独自技術の存在
↓

ステップ1	お客様の「使い方」を考える： 第1章「顧客」　第2章「戦場・競合」
ステップ2	「使い方」にあった「強み」を作る： 第3章「強み」　第4章「独自資源」
ステップ3	お客様に刺さる「使い方」を提案する： 第5章　「メッセージ」

図15：技術を「使い方」に落とし込もう！

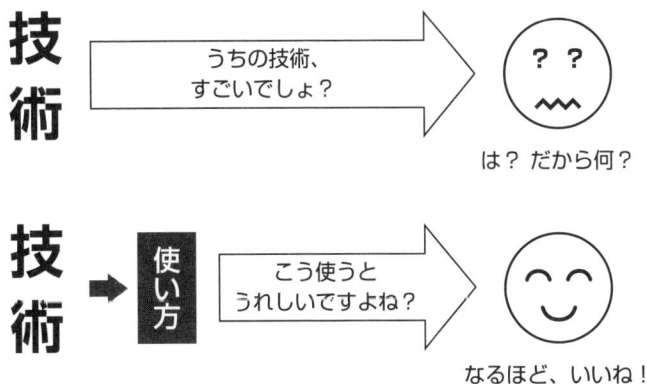

©Yoshinori Sato

アイディアの「入口」は自社の独自技術、顧客、他業種、などなど無限にあります。

が、**アイディアの「出口」は常に「使い方」**です。価値は使い方に現れます。お客様は使うために買うのです。使われない商品・サービスに意味はないのです。

自社に「独自の技術」がある、というのは素晴らしいことですが、それに基づいて「新しい使い方」「新しいうれしさ」が提案できてこそ、お客様に刺さる（＝売れる）のです。

第4章　強みをマネされないように 「独自資源」を作ろう

1　強みを競合にマネされないように守る「独自資源」

● 「独自資源」は強みを競合にマネできないようにするもの。商品寿命が短命化したため、「独自資源」の重要性は高い

● ハード資源：技術、設備、立地など、目に見えるもの

● ソフト資源：目に見えないもの

ソフト資源の **SHOP**

Skill（スキル・能力）　知識・経験・ノウハウなどの自社の独自の能力

Human resources（人材・組織）　人材、組織、評価体系、採用・教育など

Outside relations（外部との関係）　お客様からの信頼、取引先との関係など

Philosophy（理念・文化・歴史）　企業理念、哲学、企業文化、歴史、など

● 「独自資源」のない強みはマネされる。「独自資源」を蓄積してマネを防ぐ

● 商品・サービスを出す前：マネを防ぐ技術・特許などを作る

● 商品・サービスを出した後：お客様・チャネルなどとの関係を築き、強化する

● 「技術の押し売り」ではなく「使い方」に落とし込むことが大事。お客様が欲しいのは「技術」ではなくそれがもたらしてくれる「うれしさ」

New Product Development Strategy

使い方を
メッセージとして提案しよう

1 | 「強みを活かした使い方」を
お客様に提案しよう

「売れるまで」が商品開発担当者の仕事

ここまで、「使い方中心の商品開発3ステップ」を軸に進んできました。

ステップ1 お客様の「使い方」を考える
- 第1章 Customer：顧客 お客様の使い方を把握する
- 第2章 Battlefield：戦場・競合 その使い方における代替
手段・競合を知る

ステップ2 「使い方」にあった「強み」を作る
- 第3章 Strength：強み その使い方における自社を選ぶ
理由を作る
- 第4章 Asset：独自資源 強みを競合がマネできない理由
を作る

これでステップ2までの解説が終わると同時に、戦略BASiCS
の5つの要素のうち、4つまでの説明が終わりました。ここまで
で、新商品・サービスを考え、作るところまできました。

商品開発は、当然「開発」が主な仕事であり、第4章までが
「商品開発」の業務範囲かもしれません。

が、商品開発の実質的な責任範囲は当然「売れるまで」です。

「私作る人、アナタ売る人」のような「縦割り」の感覚は、失敗
確率を高めます（詳細は後述します）。商品開発担当の方にも、

ぜひ「売れる」ところまでの責任感を持っていただきたいです。

「売れる」ということは、お客様に「強み」「使い方」が伝わり、新商品・サービスを選んでいただける、ということです。

序章33ページの、成功した企業と成功していない企業の「差」、というデータを再度ご覧ください。**「自社の製品・サービスの情報発信が不十分である」という項目が、商品開発に成功していない企業の最大の課題**なのです。メッセージに手を抜く企業は、商品開発で失敗する企業だ、ということが既にデータで示されているのです。

ですから、「使い方中心の商品開発3ステップ」の最後のステップ、

ステップ3　お客様に刺さる「使い方」を提案する
- 第5章　Selling message：メッセージ　使い方・強みを
　　　　　　　　　　　　　　　　　　　お客様に伝える

も当然、商品開発担当者の重要な仕事なのです。

本章（第5章）は「ステップ3　お客様に刺さる『使い方』を提案する」について、であり、同時に戦略BASiCSの最後の要素「Selling message：メッセージ」について考えていく章です。

「強み」を具体的な「使い方」に落とし込もう

通常のマーケティングでは、「メッセージ」で伝えるべきは「強み」。

もちろん商品開発でもそれは同じなのですが、「使い方中心の商品開発3ステップ」においては、特に「強みが活きる使い方」

という側面が強く出ます。

　特に、新しい商品・サービスの場合は、お客様がその商品・サービスの具体的な使い方がわからない、想定できない、ということがままあります。

　強みを「使い方」に落とし込んだ上でその「使い方」を訴求すれば、それが自動的に「強みが活きる使い方」として、強みを伝えることになります。

　「強みを活かした使い方」をお客様にメッセージとして伝えれば、強みと使い方を同時に伝えられるのです。

　フィットカットカーブの強みは、「切りにくいものが軽い力で切れる」こと。この中には、フィットカットカーブの「強み」と、「切りにくいものを切るとき」という使い方・TPOの両方が入っています。フィットカットカーブの「強みが活きる使い方」提案になっているわけです。

　フィットカットカーブのメッセージでユニークなのは、HP（https://bungu.plus.co.jp/product/cut/fcurve/fcc/movie.html）でフィットカットカーブの「強みが活きる使い方」を動画で紹介している点。

　段ボール、硬い麻ヒモ、ビニール袋、牛乳パック、ペットボトルなどを次々にサクサクと軽い力で切っていきます。通販調で面白いです。

　「フィットカットカーブ　洗えるチタン」のパッケージには、アスパラガス、しいたけなどキッチンで切りそうなものの画像がしっかり入っています。

　まさに「強みを活かした使い方」をメッセージとしてわかりやすく提示し、強みと使い方を同時に伝えています。

　第1章で紹介したアイリスオーヤマのハンズフリードライヤー

もきちんと「使い方」を訴求しています。その通販サイトでは、

『テレビを観ながら　置いたまま髪を乾かせるので、「ながらドライ」で賢く時短！」「スマホしながら」「ブラシしながら」「歯磨きしながら」』

(https://www.irisplaza.co.jp/index.php?KB=SHOSAI&SID=H567561F)

と、きちんと使い方を画像付きで訴求しています。

　他のドライヤーにない「強み」は、「置けること」です。「置く」という使い方の利便性・うれしさを訴求すれば、それがそのままハンズフリードライヤーの「強み」を伝えることになります。

　提案する「使い方」はとにかく具体化するのがポイント。「両手が空く」で止めずに、「スマホをしながら」と、とにかく具体的にしていきましょう。それにより「強み」がお客様にとっての「自分ごと」となり、たとえ今ドライヤーを持っていたとしても、それにはない「使い方」「うれしさ」が伝わり、「なるほど、欲しい」になるわけです。

　「使い方の具体性」が「刺さるメッセージ」のポイントなのです。

　第2章で紹介したアクションカメラ「ゴープロ」のサイトでは、実際にそれを使って撮影した動画がHPで紹介されています。具体的な使い方を紹介しているわけです。2018年現在、ウィングスーツ（ムササビのように空を飛ぶスーツ）を着て空を飛ぶシーンなどが紹介されていますが、度肝を抜かれます。これはまさにゴープロの「強みを活かした使い方」そのもの。

　このような具体的な使い方で、かつインパクトがあるものであれば、それはお客様の目をひくメッセージになります。

もちろん、誰もがウィングスーツで空を飛ぼうとは思いません。が、そのような具体例があると、お客様がそれを自分に重ね合わせて考える大きな助けになるわけです。あるお客様はそれを見て「スキーをやっているときに使おう」、あるお客様は「登山のときに使おう」と考えるわけです。「例えば」という具体的な例示があるかないかでお客様へのインパクトは全然違います。

　ゴープロの場合は、お客様がそれを使って作成した動画をYouTubeなどの動画サイトに投稿し、それを見た他のお客様が使い方を理解して自分でも使う、というようなサイクルも生まれています。

　第3章で紹介した「熱さまシート」は、今や海外まで広がっています。ただ、日本のように「熱が出たらおでこを冷やす」という習慣がない国では、そもそもの「使い方」からメッセージとして伝えてあげる必要があります。

　　『熱さまシートは東南アジアを中心に海外でも需要が高まっている。96年に香港、98年にマレーシアやシンガポール、その後フィリピン、タイで発売し、海外市場開拓の先兵役でもある。発熱時に頭を冷やす習慣のない国では、新商品の使用方法を伝えることも大事なマーケティング。商品発売に合わせて各国でテレビＣＭを展開し、まずは頭を冷やすことで熱を冷まし、風邪を早く治すという習慣を根付かせた』

　　(2013/05/27 日経MJ P.10)

「おでこを冷やす」習慣がない国では、「おでこを冷やす」という意味での直接の競合は存在しないのですが（風邪を治す、とい

う意味での競合はもちろんあるはずです）、だからこそ、「使い方」
をメッセージとして伝えていくことで市場開拓できるわけです。

お客様を主語にしたメッセージを伝えよう

　メッセージを考える・作る際の最重要ポイントの1つは、うれ
しさを伝えること。

　「強み」は、「競合とのうれしさの差」であり「独自のうれしさ」
です。「強みを伝える」ということは、「独自のうれしさ」を伝え
ることなのです。

　そのためにどうすればよいかというと、主語・主体を「お客
様」にすること。

　第3章で解説したとおり、独自のうれしさの主語はお客様です。
フィットカットカーブの場合は、

- 独自の商品特徴（モノが主語）：
  この「ハサミ」は刃先がカーブしている
- 独自のうれしさ（お客様が主語）：
  お客様が「切りにくいものでも切りやすい」

　先ほどの「ハンズフリードライヤー」の場合、「このドライ
ヤー、置けます！」という文の主語は「ドライヤー」です。単な
る商品説明となってしまい、これではお客様に刺さりません。

　アイリスオーヤマのメッセージ、「テレビを観ながら　置いた
まま髪を乾かせる」という文章の主語は、「あなたが」です。

　主語が省略されているのでわかりにくいですが、主語は「あな
た」（＝お客様）になっているのです。

　この違いは、微細なようで、すさまじく大きいです。

　主語がお客様か、商品・サービスか、というのはコペルニクス

的転回くらいの違いです。発想の拠って立つところが「お客様のうれしさ」か、「商品・サービス」か、だからです。

　もちろん、「商品・サービスの差」がなければ、「うれしさの差」は生まれません。

　が、お客様にとって買う理由となるのは「商品・サービスの差」ではなく「お客様にとってのうれしさの差」であり「独自のうれしさ」なのです。それが、メッセージとして伝えるべきことです。

　「このドライヤーは置いて使えます」というのは「商品・サービス」の説明。

　「あなたがスマホしながら髪を乾かせて、あなたの時間を有効に使えます」というのが主語をお客様にした「うれしさ」の説明。

　全く違うことがおわかりいただけますよね。

　文章ではなく、「画像」でも同じです。アイリスオーヤマのHPでは、若い女性がハンズフリードライヤーをテーブルに置き、テレビを観ながら髪の毛を乾かしている画像が大きく強調されています。

　この「主体」は、ドライヤーではなく「お客様」です。

　ドライヤーの画像はもちろん必要ですが、お客様が使っている具体的な利用場面の画像が絶対と言っていいほど必要です。

　ドライヤーは、あくまで「お客様がテレビを観ながら髪の毛を乾かす」という「使い方」における「1つの部品」なのです。

　商品開発においては、カタログやパンフを作ることになりますよね？　そこではもちろん商品・サービスそのものについての情報を伝えることになります。

　が、仮に1ページのパンフレットであれば、商品・サービスの

仕様説明は1/2以下、お客様を主語・主体にした「強みを活かした使い方」の文章や画像を1/2以上にするようにしたほうがうれしさが伝わりやすいと思います。

　多くの場合、カタログやパンフの9割が「商品・サービスそのもの」の説明だけに留まってしまっています。それでは、使い方も独自のうれしさも伝わりません。

　特に「今までになかった強み」を持つような新商品・サービスは（そしてそれは良い新商品・サービスのサインです）、その「今までになかった強みが活きる具体的な使い方」を強調するようにしましょう。

　新商品・サービスを営業担当者が説明するときも、

　「こんな新機能があります」

　というのはいいですが、

　「この新機能をあなたがこう使うと、あなたがこううれしいです」

　という説明を間髪入れず、その直後に入れましょう。それによって「なるほど感」がぐっと高まります。

　ただそうなると、「使い方やうれしさは人によって違うよね？」という話に当然なりますよね？

　はい、そのとおりです。ですから、「顧客にあった使い方・強み」をメッセージとして伝える、ということになります。

顧客セグメントによって使い方が変わり「メッセージ」が変わる

　メッセージは、当然「顧客ターゲット」およびその「使い方」に刺さるものである必要があります。

　顧客セグメントが変われば、使い方が変わります。そうなる

と、顧客セグメントごとに違うメッセージを出す必要があります。

　フリクションボールを含むフリクションシリーズは、複数の顧客セグメントに対して、違うメッセージを出しています。フリクションボールは消せるボールペンで、他にも「フリクションライト」（消せるマーカー）なども出しています。

　フリクションシリーズのHPは、Work、Study、Enjoyなどのコーナーに分かれています。それぞれにHPから抜粋します。

Work

スケジュール管理や打ち合わせのメモ書きも自由自在に修正可能。ビジネスシーンで活躍します。

Study

ごちゃごちゃしがちな教科書やノートもフリクションがあれば思いのまま。単語を暗記したいときのツールとしても使えます。

Enjoy

色を変えたり、ハイライトを付けたり。子どもの塗り絵やお絵描きなど、消すことで創造性がぐんと広がります。

（プラス フリクションシリーズHP　http://frixion.jp/lineup/）

　Work、Study、Enjoyという分け方はまさにお客様の「使い方」で分けているセグメンテーションの切り口ですね。

　「Work」は、ビジネスパーソンが顧客ターゲットで、そこに向けた製品は、フリクションボール、インクを消せるボールペンです。使い方は「スケジュール管理」。

次の「Study」は学生向けです。このセグメントにはフリクションライトという蛍光ペンが出ています。使い方はもちろん勉強で、単語の暗記などですね。

そして「Enjoy」は子供向け。このセグメントには「フリクションいろえんぴつ」という製品が出ています。鉛筆削りで削れる「色鉛筆」です。使い方は「塗り絵やお絵描き」。

「使い方」を分類の切り口としてセグメンテーションした上で、それぞれに対応した商品を出し、それぞれに違う「使い方」を提案している、というのがわかりやすいですね。

ちなみに、訴求している「強み」は、すべて「消せる」という全フリクションシリーズに共通した強みです。

「使い方」が変わると「強み」が変わることが多いですが、この場合は、使い方が変わっても強みはすべて同じ、という例です。

個人的には、「消せる」という「使い方」をさらに広げれば面白そうだな、と思いました。例えば「フリクションいろえんぴつ」という消せる色鉛筆があります。2018年現在、この商品の紹介動画は「はみだしたところを消せる」こと。

私の4才の娘も色鉛筆でお絵描きをしますが、背景を赤などでつぶして「消すことで絵を描く」といった使い方を提案できれば、さらに広げられそうですね。

名は体を表す：ネーミングのドイツ理論

メッセージの重要な表現方法の1つが「ネーミング」です。

新商品・サービスがお客様の前に現れるときは、「モノ」だけではなく、「名前」などと一緒に現れるのです。

そして、お客様は機能・性能などの前に「ネーミング」に触れる、ということも多いでしょう。

その意味で、ネーミングは極めて重要なメッセージです。

ネーミングの決定権が商品開発担当者にあるかどうかは組織次第でしょうが、名前の提案くらいはできるはずです。

ネーミング論を語り出すとキリがないのですが、ここでは私が考える「良いネーミングの条件」を提示したいと思います。

①独自性

まずは、独自であること、です。他社の商標の侵害がない、自社として商標が取れる、などのある意味で当たり前のことです。

②インパクト

覚えやすくインパクトがあると、お客様の印象に残ります。覚えていれば、後でネットで検索などもしやすくなりますね。

③強み・使い方

そして、ネーミング自体に「強み」や「使い方」が入っていること。

独自性の「ド」、インパクトの「イ」、強み・使い方の「ツ」で、ドイツ理論と呼んでいます。この「ドイツ理論」も強引ながらインパクトをつけて覚えやすくしようとしている「ネーミング」です。

典型的な成功例が第3章でも説明した「熱さまシート」。名前自体に「熱をさます」という「使い方」が入っており、使い方と商品が一体となった素晴らしいネーミングです。同社の他の商品、例えばのどの殺菌・消毒剤「のどぬ～る」（同）も「のどに塗る」

という使い方がわかりやすいなど、同社はネーミングに工夫をこらす会社ですね。

　プッチンプリン（江崎グリコ）も、プッチンしてお皿に出して食べるという「使い方」を提案するネーミング。

　ワンダモーニングショット（アサヒ飲料）も、「モーニング」というTPOが入っています。「朝に飲んでください」という使い方に絞って出された商品です。

　第3章で紹介したヘルシオ（シャープ）は、もちろん「ヘルシー」から取っています。「水で焼くからおいしくかつ健康的」という「強み」からのネーミングです。

　ユニクロの「ウルトラライトダウン」は、「とにかく軽い」というこれも「強み」がわかりやすいネーミングです。「ヒートテック」も「ヒート」という暖かさを意味する「強み」ネーミングですね。

　このように、業種業態を問わず、ロングセラーには「なるほど」というわかりやすいネーミングのものが多いですね。

　このようなわかりやすいネーミングにできるのは、新商品・サービスの方向性が明確だからです。「名は体を表わす」というより、「名はうれしさを表わす」というところです。

　「LEXUSみたいなカッコイイネーミングがいい」と言われそうですが、トヨタの広告費は4,488億円（有価証券報告書2017年3月期より）であることをお忘れなく。それだけの広告費があれば、LEXUSのようなネーミング自体に意味を持たない言葉でも、お客様の認知を高められることでしょう。

　巨額の広告費（感覚的には年間5億〜10億円）を投下できないなら、とにかくわかりやすい、覚えやすいネーミングにすることをお勧めします。

2 | 使い方を中心にした、BASiCS全体の 一貫性・具体性が成功のカギ

「使い方」を中心に、戦略BASiCS全体の一貫性・具体性をとる

これで、「使い方中心の商品開発3ステップ」、そしてその構成要素としての戦略BASiCSの説明がすべて終わったことになります。

序章～第5章までの流れをここで一旦まとめておきましょう。

序章で説明した「売れない商品ができる2つの原因」が、この2つ。

(1) 一貫性のある戦略の欠如

(2) 使い方の具体性の欠如

そして本書のキーワードが「使い方」であり、「使い方中心の商品開発3ステップ」が以下のような流れでした。

ステップ1　お客様の「使い方」を考える：
　　　　　　第1章「顧客」　第2章「戦場・競合」

ステップ2　「使い方」にあった強みを作る：
　　　　　　第3章「強み」　第4章「独自資源」

ステップ3　「使い方」を提案する：
　　　　　　第5章「メッセージ」

本書で提唱しているのは、「使い方」を軸にして「一貫性と具体性」のある戦略BASiCSを描いていく、という手法です。

それを序章～第5章まで数々の事例を使いながら説明してまいりました。

「具体性」のある使い方が最初に描けると、戦略の「一貫性」が取りやすくなります。その意味では、「一貫性」と「具体性」は、商品開発の「両輪」ですね。

「一貫性」は、BASiCSの5要素全体の一貫性です。

例えば、

- 「強み」が「顧客ターゲット」の使い方とあっているか
- 「強み」が「独自資源」に支えられているか
- 「メッセージ」が「強み」を活かした使い方を提案しているか

などです。特にその中核となるのが「使い方」です。

第1章：どんな人のどんな使い方に向けて作るか、考えよう

第2章：戦場・競合は使い方で決まる

第3章：使い方にあった強みを作ろう

第5章：使い方をメッセージとして提案しよう

と、第4章の独自資源以外のすべての章のタイトルに「使い方」が入っていることからもわかります。

それから、「具体性」。顧客ターゲットや戦場・競合（＝使い方・TPO）がどれくらい具体的に描けているか、などです。

例えば、カバンの場合、「カバン」戦場では粗すぎます。「女性の海外旅行中の街歩きでレストランに入るとき」まで使い方・TPOを具体化し、そこに向けた「細く鋭い矢」のような商品を出して成功しているのがカナナプロジェクト。熱さまシートも同じです。

顧客ターゲット、使い方・TPO（＝戦場・競合）、メッセージ、などを具体化していくことで、「細く鋭い矢」のような商

図16：フィットカットカーブの戦略BASiCS

		フィットカットカーブ			
Battlefield	戦場・競合	文房具としてのハサミ	キッチンで使うハサミ	携帯用ハサミ	子供用ハサミ
Asset	独自資源	ハード資源：ベルヌーイカーブの技術と特許 ソフト資源：チャネルとの関係（売り場の確保） 　　　　　　お客様との関係（切れるハサミとしての認知）			
Strength	強み	切りにくいものでも軽い力で切れる			
		フィットカットカーブ	フィットカットカーブ 洗えるチタン	フィットカットカーブ ツイッギー	フィットカットカーブ ジュニア
Customer	顧客	職場や家庭でハサミを使う人	キッチンで料理をする人	ハサミを携帯して使う人	ハサミを初めて使う子供
Selling message	メッセージ	厚紙など、従来のハサミでは切りにくいものが切りやすい	昆布などの食材が切りやすい。チタンだから洗えて清潔	携帯しやすい形で、しかもよく切れる	子供にぴったりの形で、しかもよく切れる

全体の一貫性、細部の具体性の両立がポイント

品・サービスとなってお客様に刺さるのです。

　商品開発の最大のポイントは、

　「使い方」を中心にして、**戦略BASiCS全体の一貫性・具体性をとっていく**

　ということなのです。

図17：フリクションシリーズの戦略BASiCS

		フリクションシリーズ		
Battlefield	戦場・競合	ボールペン	マーカー	色鉛筆
Asset	独自資源	ハード資源：メタモインキ（色が変わると消せるインク）の技術 ソフト資源：チャネルとの関係（売り場の確保） 　　　　　お客様との関係（消せるペンとしての認知）		
Strength	強み	インクが消せる！		
		フリクションボール	フリクションライト	フリクションいろえんぴつ
		スケジュールが 変わっても 消して書き直せる！	覚えたら消して、 次に覚えるものに 又ひける！	消せるから 色々な表現が できてより楽しい！
Customer	顧客	Work スケジュール管理を 手帳で行う ビジネスパーソン	Study 教科書やノートに マーカーをひいて 記憶する学生	Enjoy 塗り絵を描く 子供とその親
Selling message	メッセージ	スケジュールが 変わっても 消して書き直せる！	覚えたら消して、 次に覚えるものに 又ひける！	消せるから 色々な表現が できてより楽しい！

全体の一貫性、細部の具体性の両立がポイント

©Yoshinori Sato

売れるかどうかは作る前に決まっている

　最後に、本書で取り上げてきた中心的な事例、フィットカットカーブ、フリクションシリーズ（フリクションボール）、カナナプロジェクトの戦略BASiCSについてまとめておきますのでご覧ください（**図16～18**）。

　すべての事例において、BASiCS全体の一貫性があると同時に、極めて具体的な使い方が提示されています。

図18：カナナプロジェクトの戦略BASiCS

		カナナリュック	アクティブリュック
Battlefield	戦場・競合	海外旅行の街歩きのときに使うバッグ	通勤用バッグ
Asset	独自資源	竹内海南江さんという、お客様の求めるものがわかり、言語化できる「リードユーザー」との関係	
Strength	強み	デザイン性がよく、かつ使いやすい。背面にはパスポートを入れるポケット	自転車通勤にぴったり、会社に持って行けるデザインでA4書類が入る
Customer	顧客	海外旅行に出かける女性	自転車通勤をする有職女性
Selling message	メッセージ	海外旅行でもオシャレしたいあなたに、使い心地にもこだわったバッグを	自転車通勤にぴったりの、会社に持って行けるオシャレで使いやすいリュック

全体の一貫性、細部の具体性の両立がポイント

「これならば売れて当たり前」というのがわかります。新商品・サービスが売れるかどうかというのは、作る前のこの段階で決まっているわけです。

そしてすべての事例において、違う戦場・競合（＝使い方・TPO）に対して、それぞれの戦場・競合（＝使い方・TPO）に特化した「細く鋭い矢」を放っています。「万人向け・万能」な商品を出しているわけではないのです。

なお、3事例とも、一番左側にある商品（フィットカットカーブは「フィットカットカーブ」、フリクションシリーズは「フリ

クションボール」、カナナプロジェクトは「カナナリュック」）から始まり、右側の商品を後から追加していっています。「一気にドン」ではなく、各戦場を順番に個別撃破していっているのです。

　おそらく、しっかりと「儲かって、勝てて、やりたい」戦場を個別に狙い撃っているのでしょう。

　各事例の戦略BASiCSをご覧になりながら、ここまでの内容を思い出していただければと思います。

　水で焼くオーブンの「ヘルシオ」も本書の中核事例の1つですが、それについてはぜひ読者のあなたが練習としてお考えになられてみてください。考える素材は本書にありますし、シンプルに整理しやすいと思います。

第5章　使い方をメッセージとして提案しよう

1　「強みを活かした使い方」をお客様に提案しよう

- ●「売れるまで」が商品開発だからメッセージも商品開発担当者の仕事
- ●「強み」を具体的な「使い方」に落とし込み、「強みを活かした使い方」を提案すれば、「強み」と「使い方」を同時に伝えられる
- ●「使い方」はとにかく具体的にすることでお客様に刺さるようになる
- ●刺さるメッセージの主語はモノではなくお客様
- ●顧客セグメントによって使い方が変わり「メッセージ」が変わる
- ●ネーミングのドイツ理論：独自性、インパクト、強み

2　使い方を中心にした、BASiCS全体の一貫性・具体性が成功のカギ

- ●商品開発の最大のポイントは、「使い方」を中心にして、戦略BASiCS全体の一貫性・具体性をとっていく、ということ

商品開発の
プロセスと組織

1 | アイディアの入口

第1章～第5章を通じて見てきたのは、

「使い方」を中心にして、戦略BASiCS全体の一貫性・具体性をとっていく

ということが商品開発を成功に導くカギだ、ということです。

最後に、ではそれをどのように「実行していくか」という、商品開発のプロセスと組織について考え、本書を締めていくことにしましょう。まずは、フィットカットカーブの開発プロセスから考えてみます。

フィットカットカーブは、実際にハサミで切っているものは何かという「使い方」を調べ、その使い方にあった、カーブした刃先で厚紙を切りやすいという「強み」を作り、それを使い方にあった商品展開、例えばキッチン用の「フィットカットカーブ 洗えるチタン」などを展開してきたわけです。

フィットカットカーブは、公的に発表されたものを見るかぎり、

ステップ1　お客様の「使い方」を考える：
　　　　　　お客様の使い方を調べたら「厚紙」を切っていた
ステップ2　「使い方」にあった「強み」を作る：
　　　　　　刃先がカーブしているから
　　　　　　切りにくいものが軽い力で切れる

ステップ3　お客様に刺さる「使い方」を提案する：
　　　　　　机用に加えてキッチン用、携帯用などに展開

と、「使い方中心の商品開発3ステップ」の順番どおりに進んだと言えそうです。

戦略BASiCSの5つの要素で言えば、

1) 「**顧客**」の使い方を調べた：厚紙を切っていた
2) 他のハサミという「**競合**」に対する「**強み**」を作った：
　刃がカーブして、切りにくいものでも軽い力で切れる
3) 強みを「**メッセージ**」として伝えた
4) 特許を申請、チャネルとの関係（売り場の確保）やお客様との関係（切れるハサミとしての認知）の強化、という「**独自資源**」を作っていった

という順番だったと考えられます。

フィットカットカーブの開発プロセスは1つの理想型ではありますが、「唯一」の方法ではありません。

同じ文具のフリクションボールは、第4章で見てきたように、

ステップ2　「使い方」にあった強みを作る：
　　　　　　消えるインクができた
ステップ1　お客様の「使い方」を考える：
　　　　　　修正の多いスケジュール帳の記入に便利
ステップ3　お客様に刺さる「使い方」を提案する：
　　　　　　スケジュール帳の記入に便利

と、ステップ2から入っています。

これは戦略BASiCSの5つの要素で言えば、

1) **「独自資源」**ができた：色が変わるメタモインキ

2) 色が透明になる（＝消える）という **「競合」**にはない **「強み」**に気づいた

3) **「顧客」**の使い方を考えた：スケジュール帳の記入に便利

4) その使い方を **「メッセージ」**として伝えた

5) チャネルとの関係（売り場の確保）やお客様との関係（消せるボールペンとしての認知）の強化、というさらなる **「独自資源」**を作っていった

という開発プロセスになるでしょう。

ステップ1と2の入れ換えはありますが、両者共に「使い方」を中心にして、戦略BASiCS全体の一貫性・具体性をとっていく、ということをきちんと実行していったわけですね。

アイディアの入口は「顧客から」が成功率が高い

そもそも、新商品・サービスのアイディアの「入口」は色々とあります。

まずはどのようなアイディアが成功につながりやすいのか、事実を確認しておきましょう。『中小企業白書〈2005年版〉』に、「経営革新のアイデアの源泉とその成果」（第2-1-38図　http://www.chusho.meti.go.jp/pamflet/hakusyo/h17/hakusho/html/17212150.html）というデータがあります。

「経営革新のアイディアの源泉」と「経営革新の目的を達成した企業の割合」を比較したものです（「経営革新」には「商品開

発」を含みます）。数字は「経営革新の目的を達成した企業の割合について、全体の平均を0として比較」した数字、つまり「成功率」です。

	目的を達成した企業の割合
顧客の行動から察知	7.4%
顧客・取引先の要望、提案	4.4%
競合他社の動き	−0.5%
一般的な市場の動向	−3.7%
代表者の個人的なアイディア	−6.6%
研究機関、大学などの研究成果	−23.4%

　成功率が平均（＝0）を上回っているのは、「顧客の行動から察知」「顧客・取引先の要望、提案」だけです。

　つまり、**「お客様」を入口にした商品開発は成功確率が高い**ということが証明されているわけです。先ほどのフィットカットカーブのやり方は、成功確率が高い開発プロセスなのです。

出口は必ず「刺さる使い方」

　なお、「代表者の個人的なアイディア」は成功率は低いのですが、「企業成長率の標準偏差」は一番高くなっています。「当たらないが、当たればホームラン」ということです。言葉は悪いですが、「思いつきから入るとホームランか三振のどちらかになる」ということですね。経験則と一致すると思います。

　「研究機関、大学などの研究成果」の成功率が低いのは、やは

り「研究」を「お客様」の具体的な「使い方・TPO」にまで落とし込むことが難しい、ということでしょう。

ただ、このデータから一番学ぶべきことは、要は「お客様」に結びつけられれば成功率が高まる、という、言わば当たり前のことです。

アイディアの入口がどこか、というのはお客様には関係ありません。アイディアの入口よりも、重要なのは「出口」。最終的に、お客様に刺さる「使い方」を提案できれば、それでいいのです。

「使い方中心の商品開発3ステップ」に、「アイディアを得る」というステップを加えるとすると、こうなります。

ステップ0　アイディアを得る
ステップ1　お客様の「使い方」を考える
ステップ2　「使い方」にあった強みを作る
ステップ3　「使い方」を提案する

何らかの形で新商品・サービスのアイディアを得たら、それをとにかく「使い方中心の商品開発3ステップ」に落とし込んでいけばよいのです。

入口はどうであれ、出口を「刺さる使い方」にもっていければ成功率が高まる、ということが先ほどのデータの意味であり、本書の中核にある考え方です。

アイディアの様々な「入口」

重要なのはアイディアの「入口」より「出口」だとわかってしまえば、アイディアの入口は何でもよい、ということになります。

256

　ここまでの復習も含めて、アイディアの「入口」について整理しておきましょう。

（1）「Customer：顧客」の「使い方」から入る アイディア発想

　まずは、「顧客」や「使い方」から入るのが、成功確率の高いことが証明されている王道の発想です。

　フィットカットカーブはハサミで切るもの、第1章で紹介したフランスベッドのJ型のまくら「スリープバンテージ」はお客様が横向きで寝ること、熱さまシートは子供の濡れタオルが落ちること、といういずれもお客様の「使い方」を把握したことから生まれたヒット商品です。

　エースの「カナナプロジェクト」は、竹内海南江さんというリードユーザーの使い方を聞いて作られる人気商品。

　お客様の「使い方を調べる」というのは、商品開発で最初にすべきことの1つです。

（2）「Battlefield：戦場・競合」から入る アイディア発想

　次は、戦場・競合から入る発想です。

　戦場マップを描いた上で、「どこから取ってくるか」と考えるのがここに入る発想です。

　第2章で見てきた、マクドナルドの「プレミアムローストコーヒー」は、「コーヒーで一休み」戦場、競合としてはカフェを狙っ

たものでしょう。

「使い方」が同じ他業種を狙う、という方法もお勧めです。「缶コーヒー」を狙った紅茶、「午後の紅茶　エスプレッソティー」、「ちょい飲み」戦場を狙った吉野家の「吉呑み」、ブラジャーを狙ったユニクロの「ブラトップ」などですね。

(3)「Strength：強み」から入るアイディア発想

「強み」から入る発想もあります。

高級トースター市場を切り拓いた「バルミューダ　ザ・トースター」は、「とにかくおいしいトーストが焼ける」という「強み」を起点に開発が始まり、実現させたわけです。蒸気を使う、という技術（独自資源）はそのための「手段」として考え出されたわけです。

結果として、「朝食で焼くパン」という「使い方」も鋭く絞られたものになりました。

「G-SHOCK」も『落としても壊れない丈夫な時計』というシンプルな強みの表現から開発が始まっています。

(4)「Asset：独自資源」から入るアイディア発想

技術などの「独自資源」から入る発想もあります。

フリクションボールは、元々は温度が変わるインク「メタモインキ」が誕生し、透明にできれば「消えるインク」になる、ということに気付き、フリクションシリーズとして結実しました。

繰り返しますが、技術が「使い方」に落とし込まれなければ、

「技術の押し売り」になりますのでご注意ください。

　埼玉県・小鹿野町の「尾ノ内百景氷柱」も、「立地」を活かす、という独自資源から入った発想ですね。寒い、木がある、水がある、という制約条件を逆手にとった素晴らしい発想です。

（5）他業種から入るアイディア発想

　最後に、他業種をヒントにする発想もあります。

　水で焼くオーブン、ヘルシオがそうでした。フグの一夜干しの殺菌という他業種で使われている技術から「水で焼く」という着想を得たわけです。水で焼くのはおいしさと健康につながる、という発見はその後のことです。

　ポッキー〈極細〉も麺類という他業種から「太さを変える」という着想を得ました。

　このように、本書で紹介してきたヒット商品・サービスは、アイディアの「入口」は様々です。

　つまり、「入口」がどこだったとしても、ヒット商品になり得るのです。

　成功事例の共通点は、アイディアの「入口」ではありません。**「使い方中心の商品開発3ステップ」を経て「使い方」が「出口」になっているのが成功事例の共通点**なのです。

　ここまで見てきたように「使い方中心の商品開発3ステップ」の構成要素が戦略BASiCSです（**図19**、261ページ）。

　ステップ1　お客様の「使い方」を考える：

第1章「顧客」　第2章「戦場・競合」

ステップ2　「使い方」にあった強みを作る：
　　　　第3章「強み」　第4章「独自資源」

ステップ3　「使い方」を提案する：
　　　　第5章「メッセージ」

そして、「売れない商品ができる2つの原因」が、この2つ。

(1)　**一貫性**のある戦略の欠如

(2)　使い方の**具体性**の欠如

まとめますと、

「使い方」を中心にして、戦略BASiCS全体の一貫性・具体性をとっていく

ということが、商品開発プロセスにおいて一番重要なことなんです。本書でここまで紹介してきたことは、この一言に集約されるのです。

そしてもう1つ。5つのアイディアの「入口」をもう一度ご覧いただけますでしょうか。

「(5)　他業種から入るアイディア発想」以外のすべてが、戦略BASiCSの5つの要素となっていることにご注目ください。

戦略BASiCSは、「使い方中心の商品開発3ステップ」を戦略に落とし込んでいくフレームワークであると同時に、「アイディア発想の入口」でもあるのです。戦略BASiCSの良い点は、BASiCSのどれかの要素から発想したら、そのままBASiCSの一貫性・具体性を確認していけることです。

図19：使い方中心の商品開発3ステップと戦略BASiCS

アイディアを得る：1)「Customer：顧客」の「使い方」から
2)「Battlefield：戦場・競合」から　3)「Strength：強み」から
4)「Asset：独自資源」から　5) 他業種から

ステップ 1	使い方を考える	第1章　顧客：お客様の使い方を把握する 第2章　戦場・競合：その使い方における 　　　　　　　　代替手段・競合を知る	第6章 商品開発 プロセス ステップ1 〜 ステップ3 をスムーズ に進める
ステップ 2	「使い方」にあった強みを作る	第3章　強み：その使い方における 　　　　　　自社を選ぶ理由を作る 第4章　独自資源：強みを競合がマネ 　　　　　　できない理由を作る	
ステップ 3	お客様に刺さる「使い方」を提案する	第5章　メッセージ：使い方・強みを 　　　　お客様に伝える	

©Yoshinori Sato

　戦略BASiCSは、アイディア発想の入口として使えると同時に、商品開発で考えるべき戦略全体の一貫性・具体性の検証ツールでもあるのです。

　この「発想のツール」と「検証のツール」の2つの側面を持っているのが、商品開発における戦略BASiCSの強みなのです。

2 | 商品開発の組織：部門間の連携の重要性

商品開発は誰の仕事か？

　商品開発の最大のポイントは、

「使い方」を中心にして、戦略BASiCS全体の一貫性・具体性

をとっていく

　ということです。

　こう整理すると、商品開発はすごく単純なプロセスのように思えます。実際、考え方自体は単純です。

　が、現実として、「売れない新商品・サービス」は山のように出てきています。

　「使い方」を中心にして、戦略BASiCS全体の一貫性・具体性をとっていく、ということの実戦が大変に難しいのです。

　その原因の1つが、「組織」の問題です。特に企業規模が大きくなるほど、この問題が顕著になります。

　いまさらではありますが、そもそも、商品開発は誰の仕事なのでしょうか？

　序章でも取り上げた『日本企業のマーケティング力』という書籍によれば、「新製品開発」に影響を与える職能として、

研究開発	27.7%
広告・マーケティング	27.9%
営業・販売	23.8%

　という数字が出ています。％が全体を100として「新製品開発」に対する影響力の大きさです。

　この主要3部門がおおよそ同程度の影響力を持っていることがわかります。そして、それこそが問題なんです。

主要3部門での連携が商品開発成功のカギ

　商品開発の成功・失敗に大きな影響を与えるのが、この主要3部門の連携です。この部門間の連携がとれていないと、バラバラになってうまくいきません。

　『中小企業白書〈2005年版〉』に「過去の新製品開発の成功・失敗の割合」と「開発・生産・営業での意見の相違の有無」の関係について調べた調査があります（第2-1-63図　開発・生産・営業の連携　http://www.chusho.meti.go.jp/pamflet/hakusyo/h17/hakusho/html/17213130.html）。

開発・生産・営業の意見が：「ほとんど合う」＋「合うことが多い」

ほとんど成功してきた	81.4%
失敗よりも成功の方が多い	74.8%
成功よりも失敗の方が多い	52.9%
ほとんどが失敗してきた	33.3%

　新製品に影響を与える部門間できちんと連携が取れていれば、新製品開発は成功することが多く、連携が取れていなければ失敗することが多い、ということです。

　当たり前と言われれば当たり前のことですが、考える人・作る人・売る人などの間で意思統一できていれば成功しやすい、ということですね。先ほどの『日本企業のマーケティング力』とは部署についての若干の相違がありますが、結論に大きな影響は与えないと思います。

　本書のキーワードの1つが「一貫性と具体性」ですが、商品開

発プロセスにおいては「組織間の一貫性」が極めて重要、ということです。

　序章で、誰もが知る化粧品メーカーの商品開発担当者がおっしゃっていた言葉を紹介しました。

> 「私は製品開発担当なのですが、私たち商品開発部門が製品を作ったあとに、宣伝部門が顧客ターゲットを決めるんです。製品ができた後に、いきなり『スイーツな気分』（筆者注：喩えとしてでしょう）などの、製品と全く関係ないCMが出てきて驚きます。だったら最初から『スイーツな気分という感じの製品を作ってくれ』と言ってくれれば、そういうものを作るのに……」

　これは「一貫性のある戦略の欠如」を表わすと同時に、「組織間の一貫性の欠如」を表している言葉でもあるのです。

　商品開発には「研究開発」「広告・マーケティング」「営業・販売」の3部門がおおよそ同等の影響を与えるにもかかわらず、部門間での連携がうまくいかなければ、それは失敗しますよね。

　逆に、きちんと戦略が共有できていれば成功確率が高まるわけです。だからこそ戦略を明確化し、部門内で戦略を共有しながら進めていくことが大切になります。

戦略を明確化し、組織間で共有しよう

　組織内で、ここまで見てきた「使い方中心の商品開発3ステップ」や、その構成要素である「一貫性・具体性のある戦略BASiCS」が共有できていれば、商品開発の成功率が高まります。

そのための重要なポイントを、簡潔にまとめておきます。

（1）戦略の共有と、そのための共通言語

まずは、そもそもどんな顧客を狙い、どんな強みにするか、という戦略を明確化することが重要です。明確化されていなければ共有できません。戦略を考えるのはどの部門でも構いませんが、最終的に「研究開発」「広告・マーケティング」「営業・販売」の主要3部門で合意・共有できていることが重要です。

戦略BASiCSは、戦略を考え、ディスカッションし、共有していくための「共通言語」として機能します。「使い方中心の商品開発3ステップ」に基づき、戦略BASiCSの一貫性・具体性をとっていくべく部門間で議論すること自体が、「戦略の共有」になるわけです。

ここで効いてくるのが「具体性」です。

例えば第1章で見てきたように、「20代女性を狙おう」というような粗っぽいターゲティングですと、人によって「20代女性」の定義が変わるために、みんなの認識がズレていきます。

「○○市場を狙おう」も同様で、○○市場といっても、競合をどこにするのか、によってすべきことが変わります。ですから、モレのない戦場マップを描き、その中でどこを狙うか、と議論していくわけです。

戦略の共通理解にズレ・ブレがあると、誤解が生じます。それは失敗につながるというデータは先ほどご覧いただきました。

ですから、顧客ターゲット、使い方、競合、強み、などを徹底的に具体化していき、意思統一を図っていくわけです。

(2) 少人数チームで動く

　戦略を共有するためには、「研究開発」「広告・マーケティング」「営業・販売」の主要3部門が意見交換しながら進めることが重要です。

　具体的には、部門を超えた「プロジェクトチーム」のようなものが必要になります。

　本当に突っ込んだ議論をするためには、現実には4〜8名くらいのチームが理想です。

　コンサルティングでプロジェクトチームを立ち上げるときも経験上8名くらいまでが良いです。10名を超えてくると10名全員が徹底的に意見を出しつくす、というのはできなくはありませんが、かなり時間がかかります。

　とはいえ、「研究開発」「広告・マーケティング」「営業・販売」の主要3部門から2名ずつくらいは必要です（各部門から1名だと、その方が休んだりしたときは進行が止まります）。それで既に3部門×2名＝6名になります。

　あなたが社長であれば、それを「公式プロジェクトチームメンバー」に任命すればいいですね。

　あなたが担当者で、人の任命権限がない場合には、「勝手に」自分プロジェクトチームのようなものを立ち上げればいいと思います。

　例えば、あなたがマーケティング部門にいるなら、研究開発から2人、営業・販売から2人くらい、協力してくれそうなメンバーを自分で「勝手に」選び、大事な場面では意見を求めながら進めていくわけです。

（3）コミュニケーション頻度を増やす

その少人数チームで、コミュニケーションを密に取りながら進めていくわけです。

「会議時間を増やそう」とは言っていません。コミュニケーションの頻度・密度を高めようと言っています。

最近は「フリーアドレス」のようなオフィスも増えてきましたが、「ふらっと行って、ふらっと話せる」ような環境があるといいですね。自分と相手の分のコーヒーを買って、「ね、ね、ちょっと10分だけいい？　あの件なんだけど……」というようなコミュニケーションができれば理想です。

お互いの物理的な場所が近ければ、定期的なランチミーティング、みたいな会を開いてもいいです。コンビニでお弁当を買って会議室で食べながらやってもいいですね。公式な会議より、そういう場の方がホンネで話せたりするものです。

その意味で、拠点が離れている、というのはかなりのデメリットです。「ふらっと行って」がやりにくいからです。

マーケティング部門は市場に近い大都市に、研究開発部門は郊外の工場の近くに、というようなケースはよくありますが、それは縦割りの「分断」を招きやすくなります。

郊外にある研究開発部門が「東京（本社）は、ホントこっち見てないよな……」と文句を言い、東京の本社は「○○（郊外の研究開発部門がある場所）は、言うこと聞かないで勝手なことばかり……」とグチるのは「マーケティングあるある」の1つ。

「本社は」「○○（郊外の場所）は」というような言葉遣いになっている時点で、「分断」が起きています。

それはもうしょうがない、と申しますか、大企業の宿命です。そして、中小企業の強みはそこにあったりするわけです。

バルミューダが構想から1年で「バルミューダ　ザ・トースター」を上市できたのは、小規模企業ならでは、です。

テレビ会議やチャットで仕事ができるという時代になり、「場所」という障壁は低くなりつつあるとは思いますが、手段は何であれ、マメにコミュニケーションをとることの重要性は変わらないと思います。

直接顔を合わせられれば理想ですが、それができなくても、スマホのテレビ電話（ビデオチャット）などでも直接に声が聞けるというのは大きい、と個人的には思います。

大企業の腕ききマーケターの方々に聞いてみると、これらのような工夫をご自身の置かれた状況などに合わせて、うまく進めている方が多いです。

組織はリレーではなく、押しくらまんじゅうに

商品開発を行うチームや組織については、リレー型よりは、押しくらまんじゅう型、の方が良いと思います（**図20**）。

多くの組織は、リレー型です。主要3部門が、研究開発→広告・マーケティング→営業・販売→お客様、とバトンを次々に渡していくイメージです。

これは、必ず伝言ゲームになり、「分断」が起きます。研究開発の意図が最後のお客様まで伝わりにくいですし、お客様の意見が研究開発にも伝わりにくいです。

押しくらまんじゅう型は、主要3部門が手をつないでお客様を

図20：リレー型vs押しくらまんじゅう型

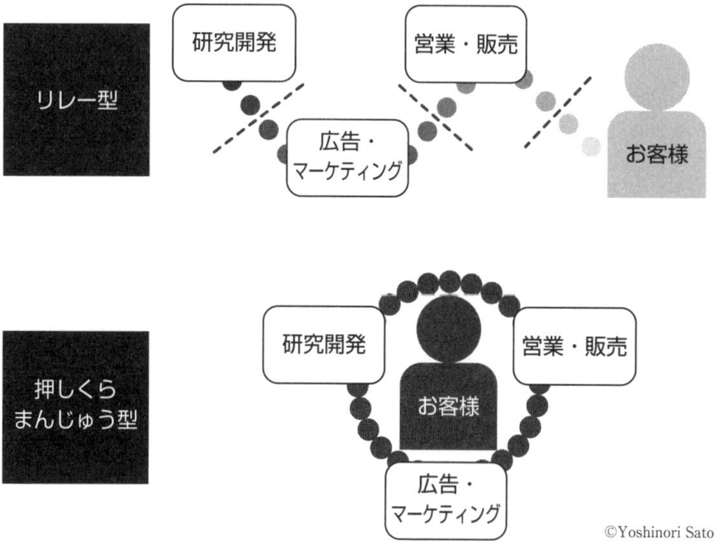

©Yoshinori Sato

取り囲みながら、同時にお客様に接していくことで、部門間の「分断」を防ぎます。

　しかし、現実問題として、「押しくらまんじゅう型」の組織というのは、作りにくいです。

　そこで、先ほどの「少人数チーム」のようなやり方が効いてくるわけです。

　BtoC（個人顧客対象のビジネス）ならば、少人数のメンバーが角突き合わせて、同じ顧客データを見たり、お客様を集めてのグループインタビューを見ればいいわけです。

　BtoB（法人顧客対象のビジネス）ならば、顧客企業1社に対して、各部門から1名ずつ、3名が一緒にヒアリングしにいけば意

識の共有がしやすくなります。

　私の個人的な経験としては、社内で頑なに（こちらから見れ
ば）自分勝手な意見を主張する方も、実際のお客様数名に会わせ
て意見を聞いてもらうと、意外と素直に意見を変えることもあり
ます。営業担当者に対して「それは違う！」とは言えても、さす
がにお客様に対して「それは違う！」とは言えないものです。そ
もそもお客様の言うことを聞かなければ売れないわけですから。

　逆に、「営業担当者が、社内の他の方を自分のお客様と会わせ
たがらない」というケースもたまにあります。これは、営業担当
者がお客様の意見を何らかの形で自分に都合のいいようにねじ曲
げて報告している、という兆候かもしれません。このような場合
こそ、社内の他の誰かがお客様に直接会うべきです。

　このようなことも含めて、主要3部門が手をつないでお客様を
取り囲みながら、同時にお客様に接していく、お客様のことを考
えながら意識あわせをしていく、という「押しくらまんじゅう」
がよい進め方だと思います。

3 | テストマーケティングの重要性

商品開発はテストを繰り返すプロセス：小さく試す、早く試す

　新商品・サービスの戦略を決めていく際に、極めて重要なのが
「お客様の意見を早めに取り入れる」ことです。

　結論から言えば、戦略を「仮決め」した段階で「テストマーケ
ティング」をなるべく早いタイミングで行い、それを繰り返しな

がら「少しずつ」進んでいくのがお勧めです。戦略をある程度決めた段階で早めにお客様に確認するのです。

　あなたがイタリアンレストランを経営しているシェフだったとします。

　あなたが、「新メニュー」（まさに新商品です）開発をするとして、どのように進めていきますか？　いきなり新メニューを作って、いきなり大々的に売り出しますか？

　私なら、以下のようなステップを経ながら検証していきます。

①まず自分で作って、自分で食べてみる。味・原材料費・調理時間を確認
　　↓
　Yes：味は良い、原材料費・調理時間も問題ない
　　↓
②部下に作らせて、部下に食べてもらう。
　　↓
　Yes：部下でも作れるから生産工程はOK、部下もおいしいと言った
　　↓
③こっそり常連さん数名に無料で出して、味や値段について聞いてみる
　　↓
　Yes：味は評判が良く、値段についても大丈夫と常連さんが言った
　　↓
④期間限定メニューとして、A4ペラ1枚のメニューを作って提供
　　↓
　Yes：それなりに売れ、注文する顧客の傾向もわかった
　　↓
⑤顧客ターゲットを決め、正式メニューに昇格！
　　↓
　Yes：一緒に注文されるワインの傾向がわかった
　　↓
⑥合うワインを決め、本格的にお勧めを始める

　いかがでしょうか？　個店のレストランでも、これくらいの

「テスト」を繰り返していくべきではないでしょうか？

　どこかで「NO」になったら、その意見を取り入れて、修正をかけて、また①から繰り返す、ということになります。

　料理を作るとき、特に慣れていない料理をするときには、「味見」をしながら進めていきますよね？　パスタのゆで加減も、1本だけ取り出して食べてみますよね？　味見をするのは失敗をしないようにする「リスク管理」のためです。

　テストマーケティングは、まさに「戦略の味見」です。味見を繰り返していくことで、大きな失敗を防げるのです。そして「味見」は何回してもいいのです。

　テストマーケティングのポイントは2つ。「小さく試す」と「早く試す」です。

　まず、「小さく試す」ことを繰り返すことでリスク管理ができます。

　いきなり正式メニューとして出すのは「ギャンブル」です。「まずいものを出す店」という悪評を招きかねません。

　原材料調達の問題もあります。いきなり本格的に展開すると、原材料をきちんと揃える必要がありコストもかかります。が、小さく試すのであれば、「とりあえず近くのスーパーで買ってきて」試すこともできるわけです。

　新商品・サービスは、売れるかどうかわかりません。作ったことがない新メニューを作っていくのと同じです。そういうときに、いきなりレシピを決め打ちしませんよね？　味見を繰り返して進めていきます。

　戦略を決め込んでいきなりドン、ではなく「お客様の意見を確認しながら戦略を決めていく」というプロセスを経ることで、リ

スク管理ができます。いきなり大々的に展開するとリスクが大きいので、少しずつ進んでリスクを管理するわけです。

ただ、テストのプロセスを増やすとその分戦略を決めるのに時間がかかるというデメリットがあります。どこまでテストプロセスを精密に作るか、は、「どこまでリスクを負えるか」で決まります。ある程度リスクが負えるなら、テストは最小限に留めるでしょうし、リスクが負えないならテストのプロセスをきっちりやっていくことになります。

なお、このテストプロセスは、リスクを負わないためのプロセスではなく、リスクを「管理」するプロセスです。

リスク管理をきちんとすることで、むしろ大きなリスクが負えるようになります。

「これは賛否両論のメニューだなあ……ウケそうな気もするけどなあ……どこも出してないから差別化できそうだし」という、ちょっとリスクの多いメニューを思いついたとしても、このようなプロセスがあれば、気軽にテストできるのです。

そして「早く試す」、特に実物を使って「早く試す」こともポイントです。

お客様に「実物」以外のものを見せて判断を仰いでも、お客様は正確な判断はできません。

「こんな肉と野菜を使ったすっごくおいしいあんな料理」

という文字で描かれた「コンセプトシート」を提示されても、実際に食べてみなければ何とも言えませんよね。

だからこそ仮決めした戦略に基づき、早く「実物」を作って「早く試す」必要があります。「実物」でなく「試作品」などの「実物に近いもの」でも構いません。

実物で「早く試す」ことで、諦めるという決断も早くできます。

　そして「実物」でテストするためには実物を生産する必要がありますから、原材料や生産方法、コストなどの問題も事前にわかります。「早く試す」ことで色々なことが「早くわかる」わけです。

　もちろん本格生産はできないでしょうから試作機などで作ることになるでしょうが、それでも、問題が早めにわかるはずです。

　テストマーケティングによって、「売れるかどうか」というリスクについてだけでなく、「実際に作るときにどんな問題が起きるのか」についても、事前にある程度判断できるのです。

　そしてこの「早く試す」ことは「小さく試す」ことで可能になります。「大きく試す」のには時間がかかっても、「小さく試す」ことは「早く」試せます。

　「実物」で「早く試す」ことは、小回りの利く小規模企業の方が向いていそうですが、大企業でもそのような「仕組み」を作っている会社もあります。

　その1つが森永製菓です。

　『「チョコボール」や「ハイチュウ」など多くの有名ブランドを持つ森永製菓が、新しい味や楽しみ方の提案に力を入れている。その拠点の一つが横浜市にある鶴見研究所だ』
　『その研究開発能力を支える大きな武器が、自由な試作を可能にする専用の製造ライン。菓子メーカーでは新商品の試作で完成品用の生産ラインを使う場合もあるが、使用できる時間などが限られるといった制約も多い。これに対して、同研究所には複数の試作専用ラインがある。研究員が思いついた

菓子のアイデアをすぐに試すことができるため、新商品の芽を摘んでしまうことがないという』(2018/03/16 日経産業新聞 P.13)

まさに「実物」をすぐに試作できる環境を整え、うまくいきそうなものがあれば、すぐに「実物」でテストできますね。

そこまでいかなくても、テストマーケティングの段階では、「他社に生産委託する」というような方法もあります。テストマーケティングの段階では委託生産をし、本格的に立ち上げることになったら、自社で生産することを考えればいいわけです。

テストマーケティングのポイントは、「小さく試す」「早く試す」を繰り返すことです。できれば「実物」ないし、それに近いものを使って「早く試す」ことが重要です。

具体的なテストのプロセスは、先ほどのイタリアンレストランのシェフの例を参考にされながら、あなたのいる状況に合わせてお考えください。

小さな成功例が組織を動かす

テストマーケティングのもう1つの大きなメリットが、組織の説得材料になる、ということ。

第3章の「強み」のところでした、「競合にバカにされる」ような「振り切った強み」を持つ素晴らしいアイディアは社内を通らない、という話を思い出していただけますか?

大企業ほど「全く新しい製品」は出しにくい、というデータ（196ページ）もご覧いただきました。

大企業だと、やはり大きなリスクは負いにくいわけです。

だからこそ、テストマーケティングが有効です。

　小さく試した上で、その実績をもって経営陣を説得すれば、経営陣も採用しやすくなるでしょう。

　「海のものとも山のものともわからない」ものについては、「じゃあやろう」とは言いにくくても、ある程度の実績があれば、「次のステップに進んでいい」と言いやすくなります。

　組織を説得するという意味でも、リスクを管理した上で「小さく試す」というテストマーケティングは有効です。

何かを「限定」して、リスクを下げる

　テストマーケティングとは、要は「実物の限定的な販売」です。何かを「限定」することで、小さく試す、早く試す、ということが可能になります。

　「限定」するものは色々とありますが、よく使われるものをあげておきます。

（1）地域限定

　ある地域に絞ってテスト販売し、そこでの反応次第で商品・サービスを修正したり、大々的な展開をするかどうかを決めるわけです。

　食品などでは静岡県がテストマーケティングエリアとしてよく使われます。静岡県が選ばれる理由は、いくつかあります。

　○広告媒体が比較的「閉じて」いてコストなどがコントロールしやすい

○東側は関東圏、西側は関西圏に近く、食文化などが分かれて
　いる（と言われる）
○東京から近いから現場を見に行きやすい

などですね。ちなみに、電気の50Hzと60Hzの違いも、富士川
を境に静岡県内で分かれています。

（2）期間限定

「期間」を限定する方法もあります。一定期間だけ販売し、在
庫を売り切ったら販売終了とする、というような方法です。
　菓子メーカーなどでよく見るのが、ある新商品を期間限定で販
売し、人気になったら「定番」に格上げしてずっと売り続ける、
というような方法です。人気が出なかったら、そのまま「期間が
終わりましたので予定どおりに終売します」とするわけですね。

（3）チャネル限定

ある「チャネル」だけに限定して販売し、テストしてみる、と
いう方法もあります。
　例えば、「ドラッグストア」だけで売ってみて、他のチャネル
（コンビニでも何でも）に広げるかどうかを決める、というよう
な方法です。
　ただ、これをやると他のチャネルから「どうしてうちには売ら
ないんだ」というようなクレームがついたりもしますので、慎重
に進める必要はあります。

「ネット販売限定」という事例もあります。

> 『三陽商会は2016年に廃止したブランド「ルジュール」を
> ネット通販限定で復活』『三陽商会の「ルジュール」は30代
> 向けで、同社のブランドとしては客層が若めだった。ネット
> 通販専用として再立ち上げするにあたり、「ブランドという
> より、色々なトライアルができる枠組み」（杉澤幸毅執行役
> 員）と位置づけた』(2017/11/08 日経MJ P.18)

ネットであれば機動的に動けますし、キャッチコピーのテスト
などもしやすいです。『色々なトライアルができる枠組み』という
のは、まさにテストマーケティングをするための仕組みとして立
ち上げたわけですね。

（4）顧客限定

「顧客」を限定してテストしてみる、という手法もあります。
　既存顧客リストの中から一部の顧客を選び出し、使っていただ
き感想を聞く、というような手法です。
　顧客と1対1の関係を築くことの多いBtoB（法人顧客対象のビ
ジネス）でもよく使われます。

　このように、「限定」するものを工夫することで、テストマー
ケティングのやり方が色々とあるわけです。
　業種業態、商品特性、生産方式などによって、何を「限定」す
るとテストしやすいかが異なります。

テストマーケティングが難しい、という業種でも、「限定」の
やり方次第ではできることがありますので、色々とお考えいただ
ければと思います。

とにかく「早く走る」化粧品メーカー

ここからはテストマーケティングの事例を紹介してまいります。

まずは、テストマーケティングをうまく使いながら、とにかく
早く走る化粧品会社を紹介します。

わけあって名前を出しませんが、100名弱ほどの小規模なメー
カーながら、急成長している会社です。

ここの開発のコアメンバーは社長、開発部長、営業部長という
会社のトップ3を中核にした小規模チーム。

アイディアは色々なところから得てきますが、社長が「そこに
需要がありそうだ」と判断すれば、翌日には開発が始まります。
開発の大まかな戦略は、社長、開発部長、営業部長という会社の
トップ3が集まればすぐに決まります。

まずはとにかく早く試作品を作って、自社のECサイトで売っ
てみます。売れなければそこで諦めます。「小さく試す」「早く試
す」というテストマーケティングを実践しています。

小規模〜大規模まで、色々な規模の生産設備がある、というの
がこの会社の「独自資源」。私が思うに、これが結構大事なポイ
ントです。

小規模生産ラインでまずは「小さく試す」「早く試す」ことが
できるわけです。そして売れたら、大規模生産ラインへと「昇
格」していきます。

絵に描いたような開発プロセスですが、創作ではありません。

「事実は小説より奇なり」というと変ですが、この話をこの会社の方から伺ったとき（トップ3のうちのお1人です）は、驚きました。

小規模企業（それでも従業員100名規模）だからこそできることと言えばそれまでですが、大企業はこのような早い動きができる会社とも勝負していかなければならない、ということは知っておいた方がいいと思います。

顧客の声をすぐ「テスト」したサミット

次からは、大企業の事例です。

まずは、食品スーパー、サミットのトイレットペーパーの事例です。首都圏を中心に展開するスーパーで、私も愛用しています。

サミットでヒットしているトイレットペーパーの導入を決めたのがまさにテストマーケティングでした。

『食品スーパー大手のサミットでひそかにヒットしている商品がある。8ロール入りのトイレットペーパーだ。12ロール入りが主流のなか、全店に導入』
『仕入れを決断したのが家庭用品部のバイヤー、谷澤一伸さん(45)』『きっかけは顧客からの要望だった。16年4月、店舗を巡回していた谷澤さんにシニアの女性客から声が掛かった。「もっと小さくて持ち運びやすいトイレットペーパーが欲しい」。谷澤さんが話を聞くと、12ロール入りではパッケージのかさが大きく、家まで持ち運びにくいのだという』
『メーカーの担当者と話すなか、たどり着いた商品が8ロー

ル入りだった。1袋当たりの個数は少ないものの、1ロールの紙の長さは12ロール入りの1.5倍』『価格帯も同じながら、「生産中止にならない程度に売れていた商品」にすぎなかった。実験的に取り扱いを始めた8ロール入り』『店頭での反応が良かったことから、16年12月、全店のトイレットペーパーを12ロールから8ロールに切り替えた』『トイレットペーパーでは異例の前年実績比1割増という大ヒットにつながった』(2017/05/31 日経MJ P.11)

　1ロールあたり1.5倍の長さを持つ圧縮8ロールで、実質12ロール分となる持ち帰りやすいトイレットペーパーです。私がよく行くサミットの店舗でも大きく展開されています。

　このプロセスは、まさに理想的なテストマーケティング。

　「入口」は「顧客」の声からでした。12ロールのトイレットペーパーは大きくて持って帰りにくいんです。

　そこで、『生産中止にならない程度に売れていた商品』だった8ロール入りを実験的に導入したわけです。すると、想定以上の反応が得られ好評だったので、一気に全店で展開というストーリー。なんとこの間、わずか8ヶ月。

　その結果、『トイレットペーパーでは異例の前年実績比1割増という大ヒットにつながった』わけです。

　もともと売れていなかった商品だったわけですから、全面展開はリスクが伴います。だから、一部で「小さく試した」わけです。

　私が考えるに、圧縮8ロール入りが今まで売れなかったのは、「持ち帰りやすい」という「強み」をおそらく誰も真剣に訴求しなかったこと、そしてその「強み」は都市型スーパーのサミット

でこそ活きる商品だから、ではないでしょうか。

　郊外型のスーパーなら12ロールをクルマで持って帰ればいいことです。しかし都市型スーパーのサミットの来店手段は徒歩か自転車。12ロール入りを持って帰るのは確かにキツいです。都市型スーパーのサミットで「持ち帰りやすい」という「強み」を強く訴求したからこそ売れたわけです。「戦場」（都市部の立地）、「顧客」（徒歩・自転車で来店）、「強み」（小さくて持ち運びしやすい）の一貫性が見事にハマったのです。

　そしてそのようなことができたのも、テストマーケティングでリスクを管理できたからこそ、ですね。テストマーケティングが短期間での大規模展開を可能にしたのでしょう。

　ちなみに、想定していたシニア層以外にも売れました。

　　『その需要はしかし、ターゲットに想定したシニア層だけにとどまらなかった。「取り換える回数が少なくてすむので便利」。家族世帯からこうした声が寄せられた』（2017/05/31 日経MJ P.11）

　このようなことは、実際に試してみなければわかりませんよね。小売業の事例ですが、普遍性の高い事例だと思います。

クラウドファンディングでテストマーケティング

　最近、テストマーケティングに使える新しい手法が登場しました。「クラウドファンディング」です。不特定多数の方（＝潜在顧客）から、（通常は）ネットで資金提供を募る手法です。

　テストマーケティングに使う際には、「こんな商品・サービス

を考えていますが、興味がある方は資金の提供にご協力ください」と呼びかけるわけです。

　きちんと誠実に使えば、かなり使い出がある手法で、小規模な成功例はいくつか出てきています。

　大企業でクラウドファンディングを使ったのが、コニカミノルタの新商品「クンクンボディ」。スマホより少し小さいくらいの携帯型体臭計測器（税込3万円）。

> 『事務機が主力の同社には畑違いの商品なだけに「テストマーケティングの位置付け」でCF（筆者注：クラウドファンディング）を使った。目標額は100台分の225万円。蓋を開けると、募集開始から2時間半で目標額を突破。反響を受けて29日から始めた一般販売では、主にエチケットに気を使う30代以上の男性の購入を狙っている』(2018/01/31 日経産業新聞 P.1)

　コニカミノルタにとっては、これは「新商品」であり「新事業」です。リスクがあるので、リスクを管理しながらも、お客様のリアルな意見（お金を払っていただけるかという判断）を得られる手法だったのですね。

　クラウドファウンディングは小規模企業ではかなり広まってきた手法ですが、大企業でも使われていくようになるかもしれません。

読者の声を聞きながら小説を書く、「小説家になろう」

　最後に、少し変わった事例を1つ紹介します。

　「小説家になろう」という、小説投稿サイトがあります。

このサイトからは、映画化された『君の膵臓をたべたい』など次々にヒット作が生まれていますが、そのヒミツこそ、テストマーケティングです。

『活字が売れないという言説をよそに「小説家になろう」の月間ページビューは今や15億』

『今年、アニメ映画化も決まった人気小説「君の膵臓をたべたい」。もとは投稿サイト「小説家になろう」の無名作家の連載だった。「商業デビューできない人が傷なめ合う場だって、馬鹿にしてたんですけど」と言う新木伸さん（49）はデビュー25年のベテラン小説家。3年前から活動の場を同サイトに移した』

『思いつきでもとにかく書き始め、読者の反応を見ながら連載中にタイトルだって変えてしまう。従来の3倍ペースで書きまくり、すでに6シリーズの書籍化が決定。「従来は4分の1くらいだった」というヒットの確率も大きく上がった』

(2018/01/29 日経MJ P.1)

私も「プロ小説家」の端くれですが（『ドリルを売るには穴を売れ』（青春出版社）などマーケティング小説を数冊出してます）、このサイトを見て「世の中に小説を書ける人がこんなにいるんだ！」と驚いた記憶があります。面白い小説が多いのです。

普通、小説は作家がプロットを練り込み、すべて書き終えて、タイトルがついて出版されます（私の場合もそうでした）。

ただ、その方法だと書き直しがきかない「一発勝負」となり、「果たしてこれが読者に支持されるのかどうか」がわからないか

ら怖いんです（私もそうでした）。

「小説家になろう」では「読者のリアルな反応」がすぐに得られます。「思いつきでもとにかく書き始め、読者の反応を見ながら連載中にタイトルだって変えてしまう」というネットならではの展開が可能になります。後からタイトルを変えるというのは商業出版ではまずあり得ませんが、「小説家になろう」では結構見かけます。

人気ランキングなども出ますから、書きたいものを試しに書いてみて、それが人気になるかどうかがすぐにわかる、というのは書き手にとっては極めて大きなメリットです。

読者がコメントを返す機能もあり、読者からの意見もすぐに得られます。小説を連載している最中に、です。読者からシナリオや登場人物の台詞などに違和感があるという指摘を受ければ、すぐに修正できる、というのは最早当たり前。

連載中に複数のシナリオを用意し、なんと読者投票でシナリオを決めていく、という本当の意味で「インタラクティブな小説作り」で人気になっているものも実際にあります。

ページビューは人気のバロメーターですし、読者の声を聞けば、何が求められているかもわかります。要は「何が売れるか」が**書きながら**（←ここがポイントです）わかるんです。

小説を連載していくこと自体が「小さく試す」というテストマーケティングの繰り返しになっているわけで、これはある意味で革命的な「商品開発プロセス」です。

だからこそ、『「従来は4分の1くらいだった」というヒットの確率も大きく上がった』と、ベテラン小説家がおっしゃるほどの結果に結びついているのでしょう。

月間ページビューが15億というのは、もはや「化け物」と言っていい領域（あの巨大サイトの食べログで18億2,690万です＊食べログ媒体資料 2017.10-12）で、このサイトはもっとマーケティング界で話題になっていいと思います。

　これと全く同じ方法は取れないにしても、ネットという新しい媒体の使い方として、極めて示唆的な事例だと私は思います。

　先ほどの森永製菓の試作環境の事例と、この「小説家になろう」の手法を組み合わせると、まさに「お客様と一緒に作り上げていくお菓子」などができそうではありませんか？

　このように、テストマーケティングの手法として昔はできなかったような色々なやり方が出てきています。

　お客様の声を聞きながら商品開発をしていく、というような一昔前は「夢物語」だったことが普通にできるようになってきたのです。

　このあたりの方法をどう使いこなしていくか、または自ら手法を作っていくか、というのはこれからの商品開発におけるチャンスの1つになっていくと私は思います。

4 ｜ ノウハウはチェックポイントに表れる

商品開発プロセスにチェックポイントを組み込む

　開発プロセスの最後は、「チェックポイント」について、です。

　開発プロセスに限らず、ノウハウはチェックポイントとして表現されます。

　何かがうまくできる人というのは、意識的・無意識的に色々な

チェックをしています。プロ野球選手のイチローがこのようなことを言っています。

> 『何となくやっているうちにすごく打てたりするのが天才。』
> 『僕はそうではない。自分のチェックポイントをいくつももって、それぞれがどういう状態にあるかをしっかりつかむこと』（小西慶三『イチローの流儀』新潮社 P.175）

　自分は天才ではなく、チェックポイントをしっかりもっている、と自分で言っています。だからこそ彼は誰よりも早く球場入りして、カラダを動かしたりして「チェック」するわけですね。
　商品開発プロセスも同じで、プロセスの随所で重要なことを「チェック」していくことが重要です。
　まず、「使い方中心の商品開発3ステップ」自体がチェックポイントです。

ステップ1　お客様の「使い方」を考える
ステップ2　「使い方」にあった強みを作る
ステップ3　「使い方」を提案する

　これらがきちんとできているかどうか、というチェックです。
　戦略BASiCSの5つの要素も、それぞれがチェックポイントになっています。
　ハンズフリードライヤーなどの人気商品を次々に出しているアイリスオーヤマは、社長ご自身がそのチェックをされています。

『毎週月曜日に宮城県角田市の主力工場で開かれる開発会議
で、大山社長が必ず口にする言葉がある。「その製品、何が
『なるほど』なんだ」「なるほど」とは消費者が製品に納得
し、お金を出してもいいと思わせる特長のことだ』

(2017/04/14 日経産業新聞 P.13)

　アイリスオーヤマは自社の家電を「なるほど家電」と呼んでい
ます。

　「なるほど」が、本書でいうところの「独自のうれしさ」や「振
り切った強み」になるでしょう。このようなチェックを経るので
あれば、従業員も「なるほど」を考えて開発することになりま
す。

　私が商品開発のコンサルティングに入らせていただくときは、
まずは新商品・サービスを使うTPOの「絵」を描いていただき
ます。

　これは、まさに「ステップ1　お客様の『使い方』を考える」の
チェックポイントです。

　「絵」にするにあたっては、徹底的な具体性が必要です。まず
は顧客像の具体化です。「20代女性」では絵を描けません。服装
は、メイクは、メガネは、指輪は、ネイルは、というレベルまで
具体性がないと絵が描けないのです。TPOも同様に徹底的な具
体化が必要です。「家の中」で止めずに具体的に家の中のどこ
か、ダイニングならダイニングで立って使うのか、テーブルに
座って使うのか、まで具体化しないとTPOの絵も描けません。

　この「使い方・TPO」の「絵」が描けなければ、そもそも「使
い方」を考えていないのでその時点でアウト。

絵が描けていれば、そのような人（顧客ターゲット）はどれくらいいるのか、そういう使い方・TPOは本当にあるのか、というリサーチなどに進みます。

絶対に必ず売れるものができる、というような商品開発プロセスはあり得ませんから、大事なのは「売れる商品・サービスを作れる確率を高めること」です。

腕のいいマーケターは、このようなチェックポイントを自分の中に持つことで、売れる確率を高めているわけです。

本書では、「売れる確率の高い商品開発プロセス」を考えてきました。

本書で提唱してきたのは、

「使い方」を軸にして「一貫性と具体性」のある戦略BASiCS を描いていく

というだけのシンプルな手法。戦略BASiCSには商品開発の課題が凝縮されている、などの数字による検証も見てきました。

そのチェックポイントを巻末にまとめておきましたので、ぜひご活用ください。

そして、各章の章末には「まとめ」がありますので、それを参考にされながら、ぜひあなたご自身のチェックポイントをお作りになられてください。

成功する確率の高い商品開発のプロセスとは、これらの重要チェックポイントを、組織で明確に共有しながら、そして顧客の意見をなるべく多く取り入れながら進めていく、ということなのです。

商品開発は、「うれしさ開発」です。モノ作り・サービス作りではなく、「うれしさ作り」なのです。

　そのためには、今考えていること、作ろうとしている何かが「本当にお客様のうれしさ」になっているのか、ということを繰り返し繰り返し何回も何回もしつこくチェックしていくしかないと思います。

　結局、売れる商品・サービスというのは、とことんお客様の「うれしさ」にこだわり、突き詰めていったものなのではないでしょうか。

最後に……商品開発で世の中を幸せにしよう

　私自身も商品開発の経験があります。商品開発は、私のキャリアの中でも、最高に楽しい仕事の1つでした。

　なぜ「最高に楽しい仕事」だったのかを今振り返ってみますと……それは、世の中を幸せにできる仕事だからだと思います。

　私が子供だった40年前と今の生活を比べますと、色々な意味で幸せになりました。

　流しにあった「石鹸」やお風呂場にあったシャンプーはプッシュボトル式となり、便利になりました（レモン色で赤いネットに入っていた学校の石鹸、覚えてます？）。

　キッチンには、混ぜるだけでおいしくなる魔法の調味料が並びます。3分間でゆであがるスパゲティに混ぜるだけのパスタソースを加えれば、ものの数分でおいしいスパゲティ料理がカンタンにできます。冷凍庫には温めるだけでいつでもおいしく食べられる冷凍食品が並んでいます。

　トイレは劇的な変化です。和式で少し臭っていた便器は清潔で

快適な温水洗浄式となり、芳香剤の進化で香りも快適になりました。

　みな40年前にはなかったものです。今から40年前に戻ったらすさまじく不便に感じることでしょう。

　1つ1つの「新商品・サービス」の積み重ねで、世の中が「幸せ」になったのです。

　商品開発とは、世の中に「幸せ」をもたらす、大切でそして楽しい仕事です。

　本書があなたの「商品開発」、すなわち「うれしさ開発」「幸せ開発」のお役に立つことを心から願いながら、本書の終わりとさせていただきます。

　ご読了、ありがとうございました！

本章のまとめ

第6章　商品開発のプロセスと組織

1　アイディアの入口

- ●入口は、戦略BASiCSの各要素＋他業種など色々とありどこで もよいが、アイディアの出口は必ず「刺さる使い方」にする
- ●商品開発とは、「使い方」を中心にして、戦略BASiCS全体の 一貫性・具体性をとること

2　商品開発の組織：部門間の連携の重要性

- ●商品開発に大きな影響を与えるのは「研究開発」「広告・マー ケティング」「営業・販売」の3部門で、その3部門がほぼ同等 の影響力を持つ
- ●この3部門が連携すると、商品開発の成功率が高まる
- ●戦略を明確化し、BASiCSなどの共通言語で戦略を共有するこ とで成功率が高まる

3　テストマーケティングの重要性

- ●商品開発は、テストを繰り返すプロセス： 実物を使って小さく試す、早く試す
- ●小さな成功例が、組織を動かす
- ●地域・期間・チャネル・顧客などを限定してテストする

4　ノウハウはチェックポイントに表れる

- ●商品開発プロセスにチェックポイントを組み込む
- ●商品開発は「うれしさ」開発。お客様のうれしさになっている かどうか、ひたすらチェックしよう！

おわりに

本書をお読みいただき、ありがとうございました！

　本書は、売れる商品開発というすさまじく難しい課題にド真ん中の直球勝負を挑んだ珍しい本です。

　開き直ってしまえば、「どうすれば売れる商品・サービスができるか」というのは神のみぞ知ること。

　その難しい課題に対して、「使い方」というお客様のうれしさを中核に置きながら、一方で企業の「戦略」という対極にある考え方を統合しようとする野心的な試みに挑戦しました。

　本書をお読みいただいたあとのサポートとしては、私が発行する週2回の無料メルマガ「売れたま！」がお勧めです。本書の中核フレームワーク、戦略BASiCSもよく出てきます。

　http://sandt.co.jp/uretama.htm　から無料でご登録いただけます。2万人以上のマーケターの方にお読みいただいています。

　私の他の著書で、商品開発にお勧めのものを抜粋しておきます。

　『お客さまには「うれしさ」を売りなさい』（青春出版社）は、本書で紹介した戦略BASiCSの入門編です。入門編ではありますが、戦略マップの描き方なども紹介していますので、本書と相性が良い本です。

　『図解　実戦マーケティング戦略』（日本能率協会マネジメント

センター）は、戦略BASiCSを初めて世に問うた本です。ありが
たいことにアマゾンがすべてのビジネス書から選んだ「オールタイ
ムベスト　ビジネス書100」のマーケティング・セールス部門
において、ただ1冊、日本人著者が書いた本として選ばれました。

　商品開発をした後は、いよいよ販売です。そのときには『実戦
顧客倍増マーケティング戦略』（日本能率協会マネジメントセン
ター）の考え方が役に立ちます。

　本書ではあまりBtoBの事例を紹介できませんでしたが、『実戦
BtoBマーケティング』（日本能率協会マネジメントセンター）は
BtoBに特化した本ですので、BtoBの方にはお役に立てると思い
ます。

　最後に、本書の出版にご助力をいただいた方にお礼を申し上げ
ます。
　まず、お読みいただいた読者のあなた。お楽しみいただけたの
であれば嬉しいです。そして拙著の読者さん及びメルマガ「売れ
たま！」の読者さん、いつも応援本当にありがとうございます。
　本書の編集者、根本浩美氏とは『図解　実戦マーケティング戦
略』以来、10年以上のおつきあいです。本書で6冊目となります
が、いつも本当にありがとうございます。
　本書の内容に具体的なアドバイスをいただいた方々にもあらた
めて感謝申し上げます。矢加部隆博氏、瀧和彦氏には、商品開発
についての実戦的なご意見をいただきました。また、ここでは名
前をあげることはできませんが、多くの商品開発ご担当の方々か

らの貴重なご意見をいただきました。本当にありがとうございました。

　本書で取り上げた様々な事例の企業にも感謝いたします。素晴らしい商品・サービスは、私たちを「幸せ」にしてくれています。また、それを公開してくださる情報源の方々にも感謝したいと思います。特に日経MJは私の愛読紙として、そして貴重な情報源として大変ありがたい存在です。大変役立つ新聞ですので、ご購読をお勧めします。

　最後に、私の家族。まずは最愛の妻・恵子と長女・好美。経営者でありながらも、やんちゃで育ち盛りの娘と日々格闘する妻には大変助けてもらっています。好美は本書にも何回か出てきました。今は4才ですがあと10年もして私の本を読んで、「お父さんスゴイ」と言ってくれるといいなと思います。

　子育ての大変さを通じて、私を含む3人の子育てをした両親にあらためて感謝いたします。本書を恵子と好美、そして両親に捧げます。

　平成30年6月

佐藤義典

□ チェックポイント

第1章　顧客

☐ お客様がどんな「使い方」をしているか、お客様に確認したか？

☐ 新商品・サービスの使い方・TPOを具体的に想定したか？
　その使い方・TPOの需要が多くあることを検証したか？

☐ お客様の具体像を描けているか？　1人にまで絞れているか？
　その「1人」がたくさんいることを検証したか？

第2章　戦場・競合

☐ 戦場マップを描けたか？
　その戦場マップはお客様のアタマの中と合っているか？

☐ 戦場マップの中から、自社が勝てそうな戦場を選び、
　その戦場にいる競合・顧客が誰かを確認したか？

☐ その戦場が1）儲かるか　2）勝てるか　3）やりたいかを確認したか？

第3章　強み

☐ 戦場にいる「競合」ではなく自社を選ぶ理由（＝強み）を作れたか？

☐ 競合にはない「独自のうれしさ」はあるか？

☐ 強みはお客様の使い方・TPOと合っているか？

☐ 強みは明確でわかりやすい、振り切れたものになっているか？

第4章　独自資源

☐ 強みを競合にマネされない理由はあるか？　ハード資源は？　ソフト資
　源は？

☐ 商品・サービスがマネされないようにする工夫をしているか？

☐ 商品・サービスがマネされたとしても大丈夫にする工夫をしているか？

☐ 技術が使い方に落とし込まれているか？　技術の押し売りをしていないか？

『実戦　商品開発マーケティング戦略』
©Yoshinori Sato

第5章　メッセージ

☐「強み」を具体的な「使い方」に落とし込み、お客様に伝えているか？

☐ メッセージの主語がモノではなくお客様になっているか？

☐ 顧客セグメントに合わせた「メッセージ」になっているか？

☐ ネーミングに「ドイツ」（独自性、インパクト、強み・使い方）はあるか？

第6章　商品開発プロセス

☐「使い方」を中心にした戦略BASiCS全体の一貫性・具体性はあるか？

☐ 戦略が明確化され、「考える人」「作る人」「売る人」に共有されているか？

☐ テストマーケティングをして「実物」でお客様の意見を取り入れたか？

まとめ：全体の一貫性・具体性

☐ BASiCSの各要素間に一貫性はあるか？

☐「強み」は「競合」にない「うれしさ」か？

☐「強み」は「顧客」の使い方にあっているか？

☐「強み」が「独自資源」に支えられマネされないようになっているか？

☐「メッセージ」は「強み」が活きる使い方を伝えているか？

☐「顧客セグメント」と「メッセージ」はあっているか？　など

☐ BASiCSの各要素や使い方に具体性はあるか？

☐ 顧客像や使い方は具体的に描けているか？

> 上記のチェックポイントを全てクリアしたか？
> ➡ **自信を持ってGO！**

コピーして組織内でご共有ください。

佐藤 義典（さとう よしのり）

マーケティングコンサルティング会社、ストラテジー＆タクティクス社代表取締役社長。米国ペンシルベニア大ウォートン校ＭＢＡ（2008ＦＴ紙ランキング世界1位、経営戦略、マーケティング専攻）。中小企業診断士。ＮＴＴ、外資系メーカーのブランド責任者、外資系エージェンシーの営業ヘッド、コンサルティングヘッドを歴任。
実戦的で効果の高いコンサルティングには定評がある。豊富な現場経験と理論体系に基づく企業研修（経営戦略、マーケティング、企画力など）はわかりやすく実戦的と好評でリピート率が極めて高い。2万4千人が購読する人気マーケティングメルマガ「売れたま！」（www.sandt.co.jp/uretama.htm）の発行者としても活躍中。

著書●
『図解 実戦マーケティング戦略』
『マーケティング戦略実行チェック99』
『実戦マーケティング思考』
『実戦BtoBマーケティング』
『実戦 顧客倍増マーケティング戦略』
（以上、日本能率協会マネジメントセンター）
『お客さまには「うれしさ」を売りなさい』
『ドリルを売るには穴を売れ』
『新人OL、つぶれかけの会社をまかされる』
（以上、青春出版社）
『白いネコは何をくれた？』（フォレスト出版）
『売れる数字』（朝日新聞出版）
『経営戦略立案シナリオ』（かんき出版）
『経営のすべてを顧客視点で貫く《社長の最強武器》戦略BASiCS』（日本経営合理化協会）
などがある。

研修・コンサルティングの詳細・ご依頼は
ストラテジー＆タクティクス株式会社
www.sandt.co.jp
著者連絡先：info@sandt.co.jp まで。

実戦 商品開発マーケティング戦略

2018年7月20日　初版第1刷発行

著　者——佐藤義典
　　　　　©2018 Yoshinori Sato
発行者——張士洛
発行所——日本能率協会マネジメントセンター
〒103-6009 東京都中央区日本橋2-7-1　東京日本橋タワー

TEL 03(6362)4339(編集)／03(6362)4558(販売)
FAX 03(3272)8128(編集)／03(3272)8127(販売)
http://www.jmam.co.jp/

装　丁 ——— 冨澤　崇（EBranch）
本文DTP ——— 株式会社森の印刷屋
印刷所 ——— シナノ書籍印刷株式会社
製本所 ——— 株式会社宮本製本所

ISBN 978-4-8207-3151-1　C2034
落丁・乱丁はおとりかえします。
PRINTED IN JAPAN

使える戦略は数値化できる!

実戦マーケティング戦略

佐藤義典 著

● MBA流マーケティングをやさしく噛みくだいて解説
● 汎用的フレームワーク「戦略ピラミッド」の使い方がわかる
● 本書は「アマゾン オールタイムベスト ビジネス書100」に選出

主な目次:第1章 [ピラミッドツール1] 戦略BASiCS/第2章 [ピラミッドツール2] マインドフロー/第3章 [ピラミッドツール3] ニーズの広さ深さ/第4章 [ピラミッドツール4] 売上5原則/第5章 [ピラミッドツール5] プロダクトフロー/ケーススタディ [ピラミッドツールの使い方] 化粧品会社の事例

四六判 272ページ

日本能率協会マネジメントセンター

【課題がわかる】→【解決できる】

マーケティング戦略
実行チェック99

佐藤義典 著

● マーケティングが体系的・網羅的にわかるチェックリスト
● チェックリストをクリアしていくことで戦略的行動がわかる
● 99項目すべてに独自の戦略を考える「チェックメモ」欄

主な目次：第1章　基本と戦略のチェックポイント 34/ 第2章　戦略を数値化するチェックポイント 11/ 第3章　戦術のチェックポイント 44/ 第4章　戦略戦術のチェックポイント 10/ ケーススタディ編［ケース1］ハーレーダビッドソンのマインドフロー　［ケース2］コーチの売上5原則

A5判 248ページ

日本能率協会マネジメントセンター

JMAM の本

「論理思考&イメージ発想」スキルを
鍛える7つのツール

実戦マーケティング思考

佐藤義典 著

- ●自分の「思考」と「発想」を考える習慣が身につく
- ●「論理思考」と「イメージ発想」の鍛え方がわかる
- ●7つの思考・発想スキルでアイディア出しが楽しくなる

主な目次：第1章　論理スキル：要素分解 / 第2章　イメージスキル1：静止画イメージ / 第3章　イメージスキル2：つぶやきイメージ / 第4章　イメージスキル3：動画イメージ / 第5章　論理スキル：プロセス分解 / 第6章　論理×イメージ1：モーフォロジカル・アプローチ / 第7章　論理×イメージ2：数値化&グラフ

四六判 272ページ

日本能率協会マネジメントセンター

JMAM の本

実戦BtoBマーケティング
お客様に頼られる存在になるための戦略実行

佐藤義典 著

- ●お客様に選ばれる「売り物」「売り方」ができるようになる
- ●売れる理由の言語化・体系化により、普遍性が導ける
- ●顧客戦略、商品戦略、差別化戦略、そして経営戦略がわかる

主な目次：第1章　お客様の嬉しさを考えよう！〜ベネフィット〜 / 第2章　お客様を知ろう！〜セグメンテーションとターゲティング〜 / 第3章　お客様のお客様を知ろう！〜 BtoBtoC 〜 / 第4章　戦場・競合を把握しよう！〜競合は自社以外の選択肢〜 / 第5章　「お客様に選ばれる理由」を作ろう！〜 BtoB の差別化戦略〜 / 第6章　強みをお客様に伝えよう！〜強みを伝えるメッセージ〜 / 第7章　BtoB の実践営業〜戦略を実行する方法〜 / 第8章　「選ばれる」存在から「頼られる」存在になろう！〜戦略 BASiCS 〜

四六判 272ページ

日本能率協会マネジメントセンター

お客様をファン化する手法!

実戦 顧客倍増 マーケティング戦略

佐藤義典 著

- ●「戦略BASiCS」を使ってマーケティング戦略を考える
- ●「マインドフロー」を使って顧客のココロの流れから 打ち手を考える
- ●「4P」を使ってマーケティングの打ち手を考える

主な目次：序章　お客様は「知って、買って、使って、ファンになる」／第1章 [理論の章] 打ち手の「モレ」「ムダ」をふさいで成果を出そう／第2章 [数値化の章] マーケティング課題を数値化して、課題解決しよう／第3章 [実行の章] 打ち手の「急所」モレをふさぐマインドフロー／第4章 [完成の章] 全体最適を実現するマインドフローの連鎖

四六判 272ページ

日本能率協会マネジメントセンター